Rituelle Kleidung und Schmuck

Langes Gewand, Gürtel und Handschuhe, Haarreif, Halsreif und Tasche

Band 60 der Reihe „Die Götter der Germanen"

Bücher von Harry Eilenstein:

- Astrologie (496 S.)
- Photo-Astrologie (64 S.)
- Tarot (104 S.)
- Handbuch für Zauberlehrlinge (408 S.)
- Physik und Magie (184 S.)
- Der Lebenskraftkörper (230 S.)
- Die Chakren (100 S.)
- Meditation (140 S.)
- Drachenfeuer (124 S.)
- Krafttiere – Tiergöttinnen – Tiertänze (112 S.)
- Schwitzhütten (524 S.)
- Totempfähle (440 S.)
- Muttergöttin und Schamanen (168 S.)
- Göbekli Tepe (472 S.)
- Hathor und Re:
    - Band 1: Götter und Mythen im Alten Ägypten (432 S.)
    - Band 2: Die altägyptische Religion – Ursprünge, Kult und Magie (396 S.)
- Isis (508 S.)
- Die Entwicklung der indogermanischen Religionen (700 S.)
- Wurzeln und Zweige der indogermanischen Religion (224 S.)
- Der Kessel von Gundestrup (220 S.)
- Cernunnos (690 S.)
- Christus (60 S.)
- Odin (300 S.)
- Die Götter der Germanen (Band 1 – 80)
- Dakini (80 S.)
- Kursus der praktischen Kabbala (150 S.)
- Eltern der Erde (450 S.)
- Blüten des Lebensbaumes:
    - Band 1: Die Struktur des kabbalistischen Lebensbaumes (370 S.)
    - Band 2: Der kabbalistische Lebensbaum als Forschungshilfsmittel (580 S.)
    - Band 3: Der kabbalistische Lebensbaum als spirituelle Landkarte (520 S.)
- Über die Freude (100 S.)
- Das Geheimnis des inneren Friedens (252 S.)
- Von innerer Fülle zu äußerem Gedeihen (52 S.)
- Das Beziehungsmandala (52 S.)
- Die Symbolik der Krankheiten (76 S.)

Kontakt: www.HarryEilenstein.de / Harry.Eilenstein@web.de
Impressum: Copyright: 2011 by Harry Eilenstein – Alle Rechte, insbesondere auch das der Übersetzung, vorbehalten. Kein Teil des Buches darf ohne schriftliche Genehmigung des Autors und des Verlages (nicht als Fotokopie, Mikrofilm, auf elektronischen Datenträgern oder im Internet) reproduziert, übersetzt, gespeichert oder verbreitet werden.
Herstellung und Verlag: BoD - Books on Demand, Norderstedt
ISBN: 9783743154285

Die Themen der einzelnen Bände der Reihe „Die Götter der Germanen"

1. Die Entwicklung der germanischen Religion
2. Lexikon der germanischen Religion
3. Der ursprüngliche Göttervater Tyr
4. Tyr in der Unterwelt: der Schmied Wieland
5. Tyr in der Unterwelt: der Riesenkönig   Teil 1
6. Tyr in der Unterwelt: der Riesenkönig   Teil 2
7. Tyr in der Unterwelt: der Zwergenkönig
8. Der Himmelswächter Heimdall
9. Der Sommergott Baldur
10. Der Meeresgott: Ägir, Hler und Njörd
11. Der Eibengott Ullr
12. Die Zwillingsgötter Alcis
13. Der neue Göttervater Odin   Teil 1
14. Der neue Göttervater Odin   Teil 2
15. Der Fruchtbarkeitsgott Freyr
16. Der Chaos-Gott Loki
17. Der Donnergott Thor
18. Der Priestergott Hönir
19. Die Göttersöhne
20. Die unbekannteren Götter
21. Die Göttermutter Frigg
22. Die Liebesgöttin: Freya und Menglöd
23. Die Erdgöttinnen
24. Die Korngöttin Sif
25. Die Apfel-Göttin Idun
26. Die Hügelgrab-Jenseitsgöttin Hel
27. Die Meeres-Jenseitsgöttin Ran
28. Die unbekannteren Jenseitsgöttinnen
29. Die unbekannteren Göttinnen
30. Die Nornen
31. Die Walküren
32. Die Zwerge
33. Der Urriese Ymir
34. Die Riesen
35. Die Riesinnen
36. Mythologische Wesen
37. Mythologische Priester und Priesterinnen
38. Sigurd/Siegfried
39. Helden und Göttersöhne
40. Die Symbolik der Vögel und Insekten
41. Die Symbolik der Schlangen, Drachen und Ungeheuer
42. Die Symbolik der Herdentiere
43. Die Symbolik der Raubtiere
44. Die Symbolik der Wassertiere und sonstigen Tiere
45. Die Symbolik der Pflanzen
46. Die Symbolik der Farben
47. Die Symbolik der Zahlen
48. Die Symbolik von Sonne, Mond und Sternen
49. Das Jenseits
50. Seelenvogel, Utiseta und Einweihung
51. Wiederzeugung und Wiedergeburt
52. Elemente der Kosmologie
53. Der Weltenbaum
54. Die Symbolik der Himmelsrichtungen und der Jahreszeiten
55. Mythologische Motive
56. Der Tempel
57. Die Einrichtung des Tempels
58. Priesterin – Seherin – Zauberin – Hexe
59. Priester – Seher – Zauberer
60. Rituelle Kleidung und Schmuck
61. Skalden und Skaldinnen
62 Kriegerinnen und Ekstase-Krieger
63. Die Symbolik der Körperteile
64. Magie und Ritual
65. Gestaltwandlungen
66. Magische Waffen
67. Magische Werkzeuge und Gegenstände
68. Zaubersprüche
69. Göttermet
70. Zaubertränke
71. Träume, Omen und Orakel
72. Runen
73. Sozial-religiöse Rituale
74. Weisheiten und Sprichworte
75. Kenningar
76. Rätsel
77. Die vollständige Edda des Snorri Sturluson
78. Frühe Skaldenlieder
79. Mythologische Sagas
80. Hymnen an die germanischen Götter

Inhaltsverzeichnis

A Das lange Gewand — 9
  I Das lange Gewand in der germanischen Überlieferung — 9
    I 1. Das lange Gewand um 1000 v.Chr. — 9
      I 1. a) Hügelgrab von Kivik — 9
    I 2. Das lange Gewand um 100 n.Chr. — 10
      I 2. a) Tacitus — 10
    I 3. Das lange Gewand um 700-800 n.Chr. — 10
      I 3. a) Runenstein von Hvilken — 10
      I 3. b) Runenstein von Hammar — 11
      I 3. c) Runenstein von Taengelgerda — 12
      I 3. d) Runenstein von Stenkyrka — 13
      I 3. e) Runenstein von Halla — 14
    I 4. Das lange Gewand um 800-950 n.Chr. — 14
      I 3. a) Der Wandbehang von Oseberg — 14
      I 3. b) Runenstein aus Gotland — 15
      I 4. a) Runenstein von Klinte — 16
      I 4. b) Grab von Fyrkat — 16
      I 4. c) Saga über Erik den Roten — 16
  II Das lange Gewand in der indogermanischen Überlieferung — 17
    II 1. Das lange Gewand bei den Kelten — 18
      II 1. a) Kessel von Gundestrup — 18
      II 1. b) Der bretonische Barde — 18
      II 1. c) Plinius — 19
      II 1. d) Relief von Autun — 19
    II 2. Das lange Gewand bei den Hethitern — 20
    II 3. Das lange Gewand bei den Griechen — 20
    II 4. Das lange Gewand bei den Indern — 21
  III Das lange Gewand in der Jungsteinzeit — 21

B Der Hut — 22
  I Der Hut in der germanischen Überlieferung — 22
    I 1. Der Goldhut — 22
    I 2. Der Spitzhut — 23
      I 2. a) Hügelgrab von Kivik — 23
      I 2. b) Der Spitzhut der Götter — 24
      I 2. c) Der Wandbehang von Oseberg — 25
      I 2. d) Der Runenstein aus Gotland — 25
    I 3. Der Hennin — 26

C Der Mantel — 28

D Der Gürtel	**29**
I Der Gürtel in der germanischen Überlieferung	**29**
I 1. Der Gürtel der Seherin	*29*
I 1. a) Saga über Erik den Roten	*29*
I 2. Der Gürtel des Priesters	*29*
I 3. Der Kraft-Gürtel des Thor	*30*
I 3. a) Gylfis Vision	*30*
I 3. b) Gylfis Vision	*30*
I 3. c) Gylfis Vision	*31*
I 3. d) Thorsdrapa	*31*
I 3. e) Skaldskaparmal	*31*
I 4. Der Kraftgürtel	*31*
I 4. a) Laurin	*31*
I 4. b) Der Scherfenberger und der Zwerg	*32*
I 5. Der Sieg-Gürtel	*34*
I 5. a) Gesta danorum	*34*
I 6. Der Stärke-Ring	*36*
I 6. a) Garel vom blühenden Tal	*36*
I 7. Der magische Gürtel	*36*
I 7. a) Faröische Heldenlieder: Högni-Lied	*36*
I 7. b) Faröische Heldenlieder: Brünhild-Lied	*37*
II Der Gürtel in der indogermanischen Überlieferung	**38**
II 1. Der Gürtel in der griechischen Überlieferung	*38*
II 2. Der Gürtel in der indischen Überlieferung	*38*
II 3. Der Gürtel in der persischen Überlieferung	*40*
II 4. Der Gürtel in der indogermanischen Überlieferung	*42*
III Der Gürtel bei den Nachbarn der Germanen	**42**
III 1. Der Gürtel bei den Finnen	*42*
IV Der Gürtel in Göbekli Tepe	**44**
E Die Handschuhe	**46**
I Die Handschuhe in der germanischen Überlieferung	**46**
I 1. Die Handschuhe der Priesterin	*46*
I 1. a) Saga über Erik den Roten	*46*
I 1. b) Saga über Hrolf Kraki	*47*
I 2. Die Handschuhe des Priesters	*47*
I 2. a) Saga über Sturlaug den Mühen-Beladenen	*47*
I 3. Die Jenseitsreise-Handschuhe	*48*
I 3. a) Thorstein-Saga	*48*
I 4. Die Handschuhe des Thor	*48*
I 4. a) Heimskringla	*48*
I 4. b) Die jüngere Version der Huldar-Saga	*49*

I 4. c) Gylfis Vision	49
I 4. d) Gylfis Vision	50
I 5. Der Riesen-Handschuh	**51**
I 5. a) Gylfis Vision	51
I 5. b) Harbard-Lied	52
I 5. c) Lokasenna	52
I 6. Die magischen Handschuhe	**53**
I 6. a) Chronicon lethrense	53
I 7. Die Handschuhe der Edlen	**56**
I 7. a) Saga über Olaf Tryggvason	56
I 7. b) Nialssaga	58
I 7. c) Färöische Heldenlieder – Brünhild-Lied	58
I 8. Die Handschuh-Mutprobe	**59**
I 8. a) Völsungen-Saga	59
II Sonstige rituelle Handschuhe	**60**
F Der Stab	**61**
G Das Brisingamen	**62**
I Das Brisingamen in der germanischen Überlieferung	**62**
I 1. Der Name „Brisingamen"	**62**
I 2. Das Brisingamen	**63**
I 2. a) Beowulf-Epos	63
I 2. b) Beowulf-Epos	65
I 2. c) Das kleinere Goldhorn von Gallehus	65
I 2. d) Altenglisches Runenlied	66
I 3. Freyas Brisingamen	**66**
I 3. a) Freya-Amulett	66
I 3. b) Gylfis Vision	67
I 3. c) Skaldskaparmal	67
I 3. d) Skaldskaparmal	68
I 3. e) Ragnarsdrapa	68
I 3. f) Hedin-Saga	69
I 3. g) Ragnarsdrapa	75
I 3. h) Huldar-Saga	76
I 3. i) Husdrapa	76
I 3. j) Skaldskaparmal	77
I 3. k) Lokasenna	78
I 3. l) Thrym-Lied	79
I 3. m) Die jüngere Version der Huldar-Saga	79
I 3. n) Mardöll in der germanischen Überlieferung	79
I 3. o) Ynglingatal	80

I 3. p)	Saga über Halfdan Eysteinn-Sohn	*80*
I 3. q)	Fibel von Strand	*81*
I 3. r)	Der Reisebericht des Ibn Fadlan	*81*
I 3. s)	Grimm: Deutsche Mythologie	*82*
I 3. t)	Grimm: Deutsche Mythologie	*82*

II Das Brisingamen in der indogermanischen Überlieferung — **84**
III Das Brisingamen in der Jungsteinzeit — **85**

H Der Tempel-Ring — 86

I Das Haarband — 94
I Haarbänder in der germanischen Überlieferung — 94
I 1. Das Haarband der Männer — *94*
- I 1. a) Njals-Saga — *94*
- I 1. b) Gesta danorum — *94*

I 2. Das goldene Haarband der Männer — *95*
- I 2. a) Njals-Saga — *95*
- I 2. b) Njals-Saga — *95*
- I 2. c) Saga über Bosi und Herraud — *95*
- I 2. d) Skaldskaparmal — *96*
- I 2. e) Lachstal-Saga — *96*
- I 2. f) Gesta danorum — *96*

I 3. Der silberne Haarreif — *96*
- I 3. a) Saga über die Joms-Wikinger — *96*

I 4. Das Haarband der Frauen — *98*
- I 4. a) Gesta danorum — *98*
- I 4. b) Gesta danorum — *98*

J Das Haarband der Fulla — 100
I Fullas Haarband in der germanischen Überlieferung — 100
I 1. Fullas Haarband — *100*
- I 1. a) Gylfis Vision — *100*
- I 1. b) Gylfis Vision — *100*
- I 1. c) Skaldskaparmal — *101*
- I 1. d) Kenningar — *102*

K Die Tasche — 104
I Die Tasche in der germanischen Überlieferung — 104
I 1. Die Tasche der Seherin und Priesterin — *104*
- I 1. a) Saga über Erik den Roten — *104*
- I 1. b) Grab von Fyrkat — *105*

I 2. Die Tasche des Tyr-Riesen — *105*
- I 1. a) Beowulf-Epos — *105*

L Tierfelle	**107**
I Tierfell-Verkleidungen in der germanischen Überlieferung	**107**
I 1. Fell-gekleidete Riesen	*107*
I 1. a) Gesta danorum	107
I 1. b) Saga über Sturlaug dem Mühen-Beladenen	108
I 2. Felle als Schutz	*109*
I 2. a) Gesta danorum	109
I 3. Felle bei der Hinrichtung	*110*
I 3. a) Saga über Thorstein Viking-Sohn	110
I 3. b) Völsungen-Saga	110
I 3. c) Saga über Hrafnkell Freysgodi	110
II Felle der Schamanen aus der frühen Jungsteinzeit	**111**
III Felle der Schamanen aus der späten Altsteinzeit	**112**
M Nacktheit	**114**
I Nacktheit in der germanischen Überlieferung	**114**
I 1. Nacktheit im Alltag	*114*
I 1. a) Germania	114
I 1. b) Zusammenfassung „Schwitzhütte"	114
I 2. Nacktheit beim Sport	*115*
I 2. a) Germania	115
I 3. Nacktheit beim Kampf	*115*
I 3. a) Germania	115
I 4. Nackte Berserker	*115*
I 4. a) Saga über Halfdan Brana-Ziehsohn	115
I 5. Nacktheit auf der Jenseitsreise	*116*
I 5. a) Goldhörner von Gallehus	116
I 5. b) Reisebericht des Ibn Fadlan	117
I 6. Der nackte Thor	*117*
I 6. a) Statuette des Thor	117
I 7. Der nackte Freyr	*117*
I 7. a) Statuetten des Freyr	118
II Nacktheit in der indogermanischen Überlieferung	**119**
N Tattoos	**120**
I Tattoos in der germanischen Überlieferung	**120**
O Zusammenfassung	**121**
Themenverzeichnis	128

A Das lange Gewand

I Das lange Gewand in der germanischen Überlieferung

Es gibt mehrere Hinweise darauf, daß die Priester der Germanen lange Gewänder getragen haben – so wie dies auch von den Druiden bekannt ist.

I 1. Das lange Gewand um 1000 v.Chr.

I 1. a) Das Hügelgrab von Kivik

Auf zwei Felsplatten in diesem Grab sind Priester dargestellt worden – vermutlich bei der Bestattung des Fürsten in diesem Hügelgrab.

Priester im Hügelgrab von Kivik

oben und unten: Menschen in normaler Kleidung;
Mitte: Priester in langen Gewändern

oben: Menschen in normaler Kleidung
unten: acht Priester, vermutlich hinter dem toten Fürsten

In dem Fürsten-Hügelgrab von Kivik, das um 1000 v.Chr. in Südschweden errichtet worden ist, sind auf zwei Felsplatten je acht Priester in langen Gewändern dargestellt worden. Die „8" weist auf die Sonne hin, d.h. es werden Diar, also Priester des damaligen Sonnengott-Göttervaters Tyr sein – was bei der Bestattung eines Fürsten auch zu erwarten ist, da ein Fürst der Stellvertreter des Göttervaters auf Erden ist.

Die Priester scheinen Gewänder mit einer langen Kapuze zu tragen, was jedoch nicht sicher zu erkennen ist. Sie erinnern auch an die hohen, spitzen „Goldhüte" aus der Zeit der Urnenfelderkultur, die von 1300-800 v.Chr. gedauert hat. Schließlich wäre es auch denkbar, daß die Kapuzen Vogelköpfe dargestellt haben.

Interessant ist auch die ausgeprägte, stilisierte „Hohlkreuz-Haltung" der Priester und ihre schräg nach vorne unten vorgestreckten Arme und Hände. Im Gegensatz dazu sind die Nicht-Priester auf diesen Felsplatten eher naturalistisch dargestellt worden.

I 2.   Das lange Gewand um 100 n.Chr.

I 2. a)   Tacitus

Tacitus berichtet um 100 n.Chr. über Priester „in Frauentracht", womit er vermutlich lange Gewänder gemeint hat.

Bei den Nahanarvalern zeigt man einen Hain, eine uralte Kultstätte. Vorsteher ist ein Priester in Frauentracht. Die Gottheiten, so wird berichtet, könnte man nach römischer Auslegung Kastor und Pollux nennen. Ihnen entsprechen sie in ihrem Wesen: sie heißen Alken. Es gibt keine Bildnisse, keine Spur weist auf einen fremden Ursprung des Kultes, gleichwohl verehrt man sie als Brüder, als Jünglinge.

I 3.   Das lange Gewand um 700-800 n.Chr.

I 3. a)   Der Runenstein von Hvilken

Um 700 n.Chr. tragen die germanischen Priester noch immer lange Gewänder, aber keine Kapuzen oder Goldhelme.

Vier der sieben Gestalten in den langen Gewändern mit den sehr weit geschnittenen Ärmeln lassen sich anhand ihrer Bärte sicher als Männer erkennen. Diese Männer scheinen Met oder Bier zu brauen und zu trinken – vermutlich innerhalb eines Rituals. Alle Männer halten Trinkhörner in den Händen – die beiden Männer links unten haben besonders lange Hörner.

Die beiden Männer links unten stehen neben einem Kessel – dieses Motiv fand sich auch schon um 1000 v.Chr. in dem Hügelgrab von Kivik, in dem acht Priester, die um einen Bottich herum stehen, abgebildet worden sind.

I 3. b)   Der Runenstein von Hammar

Auf diesem um 750 n.Chr. errichteten Runenstein wird vermutlich eine Einweihung dargestellt.

Die Priester auf dem Runenstein von Hammar

Runenstein von Hammar

links: umgebogener Baum, darüber ein undeutlicher Adler
rechts: vier Krieger, die einen Adler bringen
Mitte: eine „Kiste" mit einem Mann in ihr (klein dargestellt), der vermutlich auf eine rituelle Jenseitsreise geht; rechts davon ein Priester in einem langen Gewand; links davon ein zweiter Priester in einem langen Gewand sowie ein Krieger
oben: die Kralle eines riesigen Adlers (Segen des Tyr/Odin, dessen Seelenvogel der Adler ist)

I 3. c) Der Runenstein von Taengelgerda

Auch dieser Stein ist um ungefähr 750 n.Chr. errichtet worden. Auf ihm sind links drei Männer in langen Gewändern zu sehen, von denen die beiden linken möglicherweise Met brauen.

von rechts nach links: toter Krieger auf der Erde; der Tote reitet ins Jenseits; ein bärtiger Priester (Gewand mit lang ausgeschnittenen Ärmeln) begrüßt ihn; liegender Toter (angewinkelte Beine); Priester; in einem Gebäude mit Drachenköpfen am Giebel stehen ein Priester und ein Mann an einem Kessel

I 3. d) Der Runenstein von Stenkyrka

Auf diesem um ca. 800 n.Chr. errichteten gotländischen Runenstein ist entweder ein Priester in einem langen Gewand oder eine Walküre zu sehen, die einem Toten ein Horn mit Met reicht – vermutlich ist die Gestalt rechts eher eine Walküre.

Über der Szene sind zwei Hrungnir-Herzen zu sehen, die zeigen, daß diese Szene im Jenseits spielt, da die Hrungnir-Herzen Sonnen- und Seelensymbole sind.

I 3. e) Der Runenstein von Halla

Auf diesem gotländischen Runenstein, der ebenfalls um ca. 800 n.Chr. errichtet worden ist, ist dieselbe Szene abgebildet worden.

Es ist deutlich zu sehen, warum Tacitus die Tracht der germansichen Priester als „weibisch" bezeichnet hat – die Frauen und die Priester lassen sich hauptsächlich anhand des Bartes unterscheiden.

Eine weiterer Unterschied ist der Schnitt der Ärmel, die bei den Priestern von 1000 v.Chr. bis 950 n.Chr. extrem weit geschnittenen sind und z.T. bis zu den Knien herabreichen. Auf dem Runenstein von Halla trägt jedoch auch die Walküre ein Gewand mit Ärmeln mit diesem Schnitt.

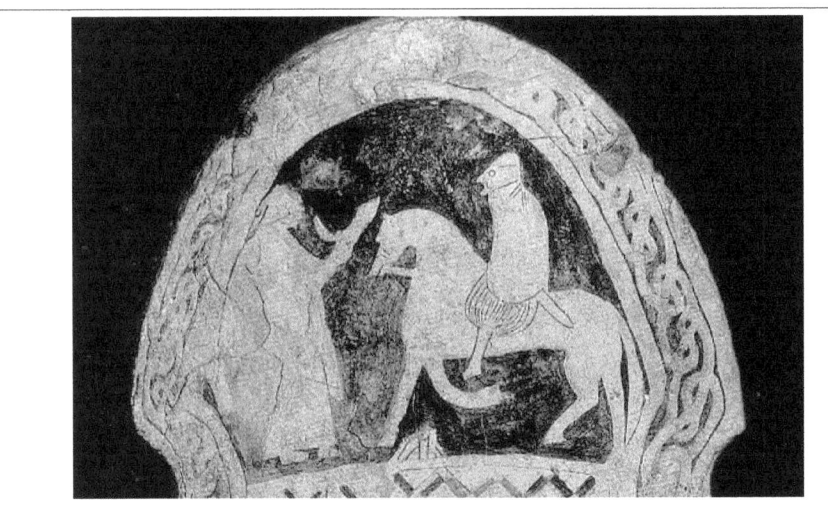

I 4. Das lange Gewand um 800-950 n.Chr.

I 4. a) Der Wandbehang von Oseberg

Auf diesem Wandbehang ist oben rechts eine Prozession von acht Priestern in langen Gewändern zu sehen – dieselbe Anzahl von Priestern wie auf den beiden Steinplatten aus dem Hügelgrab von Kivik. Die Achtzahl, die ursprünglich zu den Tyr-Priestern („Diar") gehört hat, hat sich offenbar erhalten können.

Wandbehang von Oseberg; Norwegen, 834 n.Chr. (Umzeichnung)

I 4. b)   Runenstein aus Gotland

Auf diesem Runenstein sind nur noch sieben Priester zu sehen. Im Gegensatz zu dem Wandbehang von Oseberg sind hier aber die Kapuzen an den langen Gewändern noch deutlich sichtbar.

gotländischer Runenstein

I 4. a) Der Runenstein von Klinte

Auf diesem um ca. 950 n.Chr. errichteten Runenstein sind Szenen aus der Wieland-Mythe abgebildet: links oben Wieland in der Schlangengrube, rechts unten Egil in seiner Festung, rechts oben vermutlich ein Priester in einem langen Gewand, links unten entweder eine Walküre oder ein Priester in einem langen Gewand.

Wieland und Egil

I 4. b) Das Grab von Fyrkat

In diesem dänischen Grab, das um ca. 975 n.Chr. angelegt worden ist, lag der Leichnam einer Seherin, der mit einem langen Gewand bekleidet gewesen ist.

I 4. c) Die Saga über Erik den Roten

In dieser Saga wird die Kleidung einer Seherin in Grönland um 980 n.Chr. beschrieben:

Es war der Brauch der Thorbjorg, im Winter eine Rundreise zu machen, und die Leute luden sie in ihre Häuser ein, insbesondere diejenigen, die etwas über die kom-

menden Jahreszeiten wissen wollten oder die etwas über ihr Schicksal erfahren wollten.

Da Thorkell in der Siedlung der Ober-Bauer war, wollte er in Erfahrung bringen, wann die Hungersnot, die über der Siedlung lag, enden würde. Daher lud er die Seherin in sein Haus ein und bereitete ihr einen herzlichen Empfang so wie es üblich, wo immer auch eine Frau dieser Art empfangen wurde. Es wurde für sie ein Hochsitz bereitet und ein Kissen voller Daunenfedern daraufgelegt.

Am Abend kam sie in der Begleitung des Mannes, der ausgesandt worden war, um sie zu treffen. Sie war wie folgt gekleidet:

Sie trug einen blauen Umhang mit Schnüren am Hals, auf dem bis zu dem Saum hinab Edelsteine befestigt waren. An ihrem Hals trug sie Glasperlen. Auf ihrem Kopf trug sie eine schwarze Kapuze aus Lammfell, die mit (weißem) Hermelinfell verbrämt war.

In ihrer Hand hielt sie einen Stab mit einem Knauf obenan; er war mit Bronze verziert und rings um den Knauf mit Edelsteinen eingelegt.

Sie trug um ihre Hüfte einen Gürtel aus weichem Haar, an dem eine große Felltasche hing, in denen sie die Talismane aufbewahrte, die sie für ihre Kunst benötigte.

Sie trug Schuhe aus ungeschorenem Kalbsfell mit langen und stabil aussehenden Schnüren mit großen Bronze-Perlen an ihren Enden an ihren Füßen.

An ihren Händen trug sie Handschuhe aus Hermelinfell, die weiß waren und deren Fell-Seite nach innen gekehrt war.

Ob man aus dem langen Umhang auch auf ein langes Gewand schließen darf?

Für die Priester der Germanen sind in der Zeit von 1000 v.Chr. bis 950 n.Chr. lange Gewänder mit sehr weiten Ärmeln nachgewiesen.

Auch die Priesterinnen trugen lange Gewänder – die jedoch auch sonst von den Frauen getragen worden sind.

II Das lange Gewand in der indogermanischen Überlieferung

Es gibt einzelne Hinweise darauf, daß auch die indogermanischen Priester lange Gewänder getragen haben.

II 1. Das lange Gewand bei den Kelten

Die keltische Überlieferung ist bezüglich der Kleidung der Priester und der Barden uneinheitlich.

II 1. a) Der Kessel von Gundestrup

Der Cernunnos-Schamane auf dem Kessel von Gundestrup, der um 400 v.Chr. hergestellt worden ist, trägt Hemd und Hose.

II 1. b) Der bretonische Barde

Der bretonische Barde, dessen Statuette um ca. 50 v.Chr. erschaffen worden ist, trägt anscheinend ebenfalls Hemd und Hose – auf jeden Fall kein langes Gewand.

II 1. c) Plinius

Plinius hat um 77 n.Chr. berichtet, daß die Druiden weiße Gewänder trugen.

Bei dieser Gelegenheit darf man auch nicht die Bewunderung der gallischen Provinzen (für die Mistel) übergehen. Denn nichts halten die Druiden – so nennen sie ihre Magier – für heiliger als die Mistel und den Baum, auf dem sie wächst, sofern es nur eine Eiche ist. Schon von sich aus wählen sie Eichenhaine und vollziehen keine heilige Handlung ohne Eichenlaub, sodaß es den Anschein haben kann, daß sie in griechischer Deutung davon auch ihren Namen 'Druiden' haben („Eichen-Seher"). Sie glauben in der Tat, dass alles, was auf ihnen wächst, vom Himmel gesandt und ein Zeichen des von Gott selbst erwählten Baumes sei.

Sie (die Mistel) ist aber ziemlich selten aufzufinden und wenn sie gefunden wurde, wird sie mit großer Feierlichkeit geholt.

... ...

Sie nennen sie mit einem Wort ihrer Sprache „die alles Heilende". Nachdem man ein Opfer und das Mahl unter dem Baum nach rechtem Brauch vorbereitet hat, führen sie zwei Stiere von weißer Farbe herbei, deren Hörner dann zum ersten Mal umwunden werden dürfen.

Ein mit einem weißen Gewand bekleideter Priester besteigt den Baum, schneidet sie (die Mistel) mit einer goldenen Sichel ab; sie wird in einem weißen Tuch aufgefangen.

Endlich schlachten sie dann die Opfertiere und beten, der Gott möge die Gabe glückbringend machen für diejenigen, denen er sie gab. Sie glauben, daß durch ihren Trank jedem unfruchtbaren Lebewesen Fruchtbarkeit verliehen werde und daß es ein Heilmittel gegen alle Gifte sei. So groß ist häufig der Aberglaube der Völker in nichtigen Dingen.

II 1. d) Das Relief von Autun

In Autun im östlichen Mittelfrankreich ist ein antikes Relief gefunden worden, das zwei Druiden darstellt, die lange Gewänder tragen.

zwei Druiden; Relief von Autun, Nachzeichnung von 1845

II 2. Das lange Gewand bei den Hethiter

Zumindestens einige Männer auf den Reliefs der Hethiter, die Priester zu sein scheinen, tragen lange Gewänder.

II 3. Das lange Gewand bei den Griechen

Die griechischen Priester scheinen ebenfalls lange Gewänder getragen zu haben – allerdings trugen auch Nicht-Priester solche Gewänder, sodaß das lange Gewand nicht sicher dem Priesterstand zugeordnet werden kann.

II 4.   Das lange Gewand bei den Indern

Die Brahmanen tragen heute meistens lange Gewänder. Es läßt sich jedoch nicht sagen, wieweit diese Tradition zurückreicht.

> Eine derart konstante Tradition des langen Priester-Gewandes wie bei den Germanen läßt sich ansonsten nirgendwo bei den Indogermanen nachweisen. Die hethitischen Priester scheinen ebenfalls lange Gewänder getragen zu haben.
>
> Auch die keltischen Druiden, aber nicht die keltischen Schamanen und Barden haben lange, weiße Gewänder getragen – hier ist die Tradition uneinheitlich. Die langen Gewänder sind erst ab ca. der Eroberung Galliens durch die Römer nachweisbar.
>
> Das Alter der indischen Tradition der langen Priester-Gewänder ist unbekannt.
>
> Aus diesem sehr gemischten Befund ergibt sich, daß die germanischen Priester seit mindestens 1000 v.Chr. lange Gewänder getragen haben, die Hethiter in der Zeit von 1350-1200 v.Chr. derart gekleidet waren und die Druiden ab spätestens 77 n.Chr.
>
> Es wäre daher zumindestens denkbar, daß auch die Priester der ursprünglichen Indogermanen, die von 7000-2800 v.Chr. in der südrussischen Steppe nördlich des Schwarzen Meeres und des Kaspischen Meeres lebten, lange Gewänder getragen haben.

III   Das lange Gewand in der Jungsteinzeit

Aus der frühjungsteinzeitlichen Kultur von Göbekli Tepe, dessen Tempel aus der Zeit von ca. 10.500-9.000 v.Chr. stammen, sind keine Menschen mit langen Gewändern bekannt.

Um 7000 v.Chr. wurden in Çatal Höyük lange Kleider nur von Frauen getragen – die Männer tragen entweder kurze Röcke oder sind nackt.

Um ca. 3000 v.Chr. haben in Sumer und Elam die Priester lange Gewänder getragen, in Ägypten hingegen kurze Kleider. In beiden Fällen ist dies aber auch zumindestens die Tracht der vornehmeren Männer.

Die ersten langen Priester-Gewänder müssen also in der Zeit von 7.000-3.000 v.Chr. entstanden sein.

B Der Hut

I Der Hut in der germanischen Überlieferung

I 1. Der Goldhut

Die „Zipfelmützen" an den langen Gewändern der Priester, die auf den beiden Steinplatten in dem Hügelgrab von Kivik dargestellt worden sind, sehen ähnlich aus wie die goldenen Spitzhüte, die aus der europäischen Bronzezeit aus dem Zeitraum von 1400-1000 v.Chr. bekannt sind.

Berliner Goldhut

Goldhut von Schifferstadt

Avanton Nordwest-Spanien

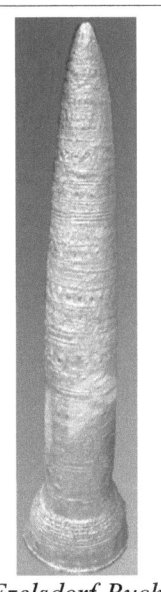

Ezelsdorf-Buch

Diese Goldhüte stammen aus der vor-indogermanischen Megalithkultur. Da die Germanen wahrscheinlich einiges von dieser Kultur übernommen haben, als sie von Südosteuropa aus durch Mitteleuropa nach Südskandinavien gezogen sind und sich dann dort niedergelassen haben, ist es gut denkbar, daß sie auch diese Goldhüte von dieser Kultur übernommen haben und die „Zipfelmützen" der Priestergewänder solche Goldhüte sind.

Solche Übernahmen von Symbolen gab es des öfteren: In dem Hügelgrab von Kivik findet sich z.B. auch ein hantelförmiges Symbol, das sich von Göbekli Tepe über Çatal Höyük und die portugiesischen Megalithbauten bis hin zu den Steinplatten in dem Hügelgrab von Kivik verfolgen läßt (siehe „Hantel-Symbol" in Band 55).

I 2. Der Spitzhut

I 2. a) Das Hügelgrab von Kivik

Die Achtergruppen von Priestern, die in diesem Grab abgebildet worden sind, das um 1000 v.Chr. errichtet worden ist, tragen entweder Spitzhüte oder lange Kapuzen.

Priester im Hügelgrab von Kivik

oben und unten: Menschen in normaler Kleidung;
Mitte: Priester in langen Gewändern

oben: Menschen in normaler Kleidung
unten: acht Priester, vermutlich hinter dem toten Fürsten

I 2. b) Der Spitzhut der Götter

Die Statuetten des Thor und des Freyr tragen Spitzhüte, obwohl sie ansonsten nackt sind. Das bedeutet, daß diese Hüte keine normale Kleidung sein können, sondern ein Ausdruck des Wesens des Gottes sein müssen.

Götter mit Spitzhüten			
nackter Freyr mit Spitzhut und erigiertem Penis	*nackter Freyr mit Spitzhut und erigiertem Penis*	*nackter Freyr mit Spitzhut und erigiertem Penis*	*nackter Freyr mit Spitzhut und erigiertem Penis*
nackter Freyr mit Spitzhut und erigiertem Penis	*nackter Thor mit Spitzhut und Hammer*	*Gott (?) mit Spitzhut und Hose*	*Gott (?) mit Spitzhut und Kittel*

Insbesondere der sehr hohe Hut des vermuteten „Gottes mit Hose" entspricht von seinen Proportionen her ziemlich genau den Goldhüten.

Man kann also keineswegs ausschließen, daß die Tradition der hohen Spitzhüte der Priester um 1000 v.Chr. beendet gewesen ist. Um 1000 n.Chr. waren es zwar der Gott Freyr und der Gott Thor, die solche Hüte trugen, aber Priester und Götter haben des öfteren einmal ähnliche Kleidung, da die Priester u.a. die „Diener" der Götter sind.

Von den Kriegern der Germanen sind keine Helme in dieser Form bekannt. Sie wären auch sehr unpraktisch im Kampf, da sie leicht vom Kopf zu schlagen wären. Es könnte sich daher um Filzhüte handeln – auch die Goldhüte sind sehr wahrscheinlich auf Filzhüte aufgesetzt worden.

I 2. c) Der Wandbehang von Oseberg

Auf diesem Wandbehang ist oben rechts eine Prozession von acht Priestern in langen Gewändern zu sehen – dieselbe Anzahl von Priestern wie auf den beiden Steinplatten aus dem Hügelgrab von Kivik. Möglicherweise tragen sie Kapuzen.

Wandbehang von Oseberg; Norwegen, 834 n.Chr. (Umzeichnung)

I 2. d) Runenstein aus Gotland

Auf diesem Runenstein sind nur noch sieben Priester zu sehen. Im Gegensatz zu dem Wandbehang von Oseberg sind hier aber die Kapuzen an den langen Gewändern noch deutlich sichtbar.

gotländischer Runenstein

I 3. Der Hennin

Der aus dem Orient übernommene und „Hennin" genannte Spitzhut wurde ab ca. 1430 n.Chr. in Europa als Kopfbedeckung der vornehmen Frauen beliebt.

Er wurde dann viel später, als er in der realen Welt bereits aus der Mode gekommen war, zu dem „Kennzeichen" der Prinzessinnen und Feen. Noch später wurde er dann auch zu dem Kennzeichen der Zauberer, wobei die genau Ursache dafür unbekannt ist. Es gab im Mittelalter vereinzelt auch hohe Männerhüte – möglicherweise haben sich die Darstellungen dieser Hüte mit dem Hennin vermischt.

Es ist nicht auszuschließen, daß es eine kontinuierliche Tradition von den hohen, spitzen Goldhüten der Priester aus der Zeit von 1400-1000 v.Chr., den Filz-Spitzhüten des Freyr und des Thor um 1000 n.Chr. und dem Hennin der Frauen um 1500 n.Chr. sowie den Zaubererhüten, die erst in neuerer Zeit wieder sicher nachweisbar sind, gibt – zumal alle diese Hüte entweder von Priester-Zauberern, Göttern oder von „besonderen Frauen" wie Prinzessinnen und Feen getragen worden sind.

Die Lücken in dieser Tradition sind möglicherweise lediglich durch fehlende Funde bedingt, aber nicht dadurch, daß es zu diesen Zeiten keine Spitzhüte gegeben hat.

In der Zeit von 1400-1000 v.Chr. haben die Priester in Mittel- und Nordeuropa überall diegleichen Goldhüte getragen, die sehr wahrscheinlich aus der Tradition der Megalithkultur stammen.

Die vereinfachte Form der spitzen Kapuzen oder der spitzen Filzhüte findet sich um 1000 v.Chr. auch bei den Priestern des Tyr.

Anscheinend konnte sich diese Tradition der spitzen Filzhüte zumindestens bei Freyr und Thor bis um 1000 n.Chr. halten.

Um 1430 n.Chr. wurde aus diesen Spitzhüten der Hennin der Frauen.

In der Neuzeit wurde der Spitzhut dann das Symbol der Zauberer.

C Der Mantel

Der Umhang bzw. Mantel in der germanischen Überlieferung wird ausführlich in dem Kapitel „Mantel" in Band 67 untersucht. Das folgende ist das Ergebnis dieser Betrachtungen:

> Am häufigsten ist der blaue Mantel, der auch von Odin und zumindestens auch von einem Priester und einer Seherin getragen wird. Er war vor allem ein Mantel der angeseheneren Wikinger. Es ist denkbar, daß er einstmals das Abzeichen der Priester und Seherinnen gewesen ist – aber das ist unsicher.
>
> Der scharlachrote, kostbare Mantel stammt sehr wahrscheinlich aus der Königssymbolik Mitteleuropas.
>
> Der grüne, der schwarze, der graue und der rotbraun-gestreifte Mantel kommt zu selten vor, als daß sich etwas über ihn sagen ließe. In einem Fall trägt ein Priester einen schwarzen Mantel.
>
> Die Unsichtbarkeits-Umhänge sind im Besitz des Zwergenkönigs, d.h. des ehemaligen Sonnengott-Göttervaters Tyr, der ihn manchmal einem Helden schenkt. Es wäre denkbar, daß dieser Unsichtbarkeits-Umhang mit dem blauen Mantel des Odin, der Priester und der Wikinger identisch ist – aber auch dies ist unsicher.
>
> Falls diese Vermutung zutreffen sollte, wäre das Blau des Mantels wohl die Farbe des Himmels, in dem sich Tyr befindet. Das Blau würde dann vermutlich auch die Verbindung des Trägers eines blauen Mantels mit dem ehemaligen Göttervater Tyr ausdrücken. Diese Vermutung wird dadurch bestätigt, daß auch Odin, der sehr viele Symbole von Tyr übernommen hat, einen blauen Mantel trägt.

D Der Gürtel

I Der Gürtel in der germanischen Überlieferung

Der Gürtel gehörte wie die Handschuhe zur Berufskleidung der Priester und Priesterinnen („blot-klädi" = „Opferungs-Gewänder"). Er besaß jedoch manchmal auch magische Kräfte.

I 1.   Der Gürtel der Seherin

I 1. a)   Die Saga über Erik den Roten

Dieser vereits angeführte Text enthält die ausführlichste Beschreibung der Kleidung einer Seherin:

Sie hatte einen Gürtel aus weichem Haar um sich gebunden, an dem eine große Felltasche hing, in der sie die Talismane aufbewahrte, die sie in ihrer Weisheit brauchte.

I 2.   Der Gürtel des Priesters

Der Gürtel als Symbol der magischen Stärke des Thor als Priester ist in den überlieferten Schriften bereits zu einem Symbol der physischen Kraft des Donnergottes geworden.

Wenn es jedoch keine Priester-Gürtel gegeben hätte, wäre es unwahrscheinlich, daß sich Gürtel zu dem Motiv von Thors Kraftgürtel hätte entwickeln können.

I 3.   Der Kraft-Gürtel des Thor

I 3. a)   Gylfis Vision

In dieser Geschichte wird Näheres darüber berichtet, wie Thor seinen Kraftgürtel erlangt hat:

Es verdient gar sehr erzählt zu werden, wie Thor nach Geirrödsgard fuhr, denn da hatte er weder den Hammer Miölnir, noch den Stärkegürtel, noch die Eisenhandschuhe bei sich, woran Loki schuld war, der ihn begleitete.

Die Geschichte begann damit, daß Geirröd (Tyr) Loki gefangen genommen und eingesperrt hatte – eine der vielen Varianten des Kampfes zwischen dem Sommergott Tyr (Geirröd) und dem Wintergott Loki.

... ...

Und als ihn Geirröd herausnahm und reden hieß, gestand Loki, wer er sei und löste sein Leben damit, daß er dem Geirröd schwur, den Thor nach Geirrödsgard zu bringen, ohne daß er den Hammer und den Stärkegürtel hätte.
Unterwegs nahm Thor Herberge bei einem Riesenweib, das Grid hieß. Sie war die Mutter Widars, des Schweigsamen. Sie sagte dem Thor die Wahrheit über Geirröd, er sei ein hundweiser und übel umgänglicher Jötun.
Auch lieh sie ihm ihre eigenen Stärkegürtel und Eisenhandschuhe und ihren Stab, Gridarwöl genannt.
Da fuhr Thor zu dem Fluß, der Wimur hieß, dem größten aller Flüsse. Da um spannte er sich mit den Stärkegürteln und stemmte Grids Stab gegen die Strömung; Loki aber hielt sich unten am Gurt.

Wimur = Jenseitsfluß

I 3. b)   Gylfis Vision

Thors Kraftgürtel ist nach seinem Hammer sein wichtigster Besitz.

Sein anderes Kleinod ist der Kraftgürtel, Megingiardar genannt: wenn er den um sich spannt, so wächst ihm die Asenkraft noch um die Hälfte.

I 3. c) Gylfis Vision

Thors Kraftgürtel wird noch an einer weiteren Stellen erwähnt:

Da glaubte Thor zu verstehen, welchen Lärm er in der Nacht gehört hatte, und umspannte sich mit den Stärkegürteln. Da wuchs ihm die Asenstärke. Währenddessen erwachte der Mann und stand hastig auf. Und da wird gesagt, daß Thor dieses eine Mal nicht gewagt habe, mit dem Hammer nach ihm zu schlagen.

Der Lärm war das Schnarchen des Tyr-Riesen Skrymir, der so groß war, daß sich selbst Thor vor ihm fürchtete.

I 3. d) Thorsdrapa

Thors Kraftgürtel muß eines seiner wichtigeren Requisiten gewesen sein, da in der Thorsdrapa eine Thor-Kenning mit diesem Kraftgürtel gebildet worden ist: *„Mann, dem der Kraftgürtel half"*.

I 3. e) Skaldskaparmal

Snorri Sturluson führt noch zwei weitere mit dem Wort „Kraftgürtel" gebildete Thor-Kenningar an: *„Träger des Kraftgürtels"* und *„Besitzer des Kraftgürtels"*.

I 4. Der Kraftgürtel

Thors Kraftgürtel ist zu einem beliebten Motiv in den Sagas geworden und auch auf andere Wesen übertragen worden.

I 4. a) Laurin

In der Sage über diesen Zwerg wird ein Kraftgürtel beschrieben, der seinem Träger die Kraft von 12 Männern verlieh:

Darum lag ein Gürtel,
der war voller Zauber,
durch diesen hatte er zwölf Männer Kraft.

I 4. b)   Der Scherfenberger und der Zwerg

In dieser Sage aus der Sammlung von Jakob und Wilhelm Grimm wird über einen Gürtel berichtet, der die Kraft von 20 Männern verleiht.

Mainhard, Graf von Tirol, der auf Befehl des Kaisers Rudolf von Habsburg Steier und Kärnten erobert hatte und zum Herzoge von Kärnten ernannt ward, lebte mit dem Grafen Ulrich von Heunburg in Fehde. Zu diesem schlug sich auch Wilhelm von Scherfenberg, treulos und undankbar gegen Mainhard. Hernach in dem Kampfe ward er vermißt, und Konrad von Aufenstein, der für Mainhard gestritten hatte, suchte ihn auf.

Sie fanden aber den Scherfenberger im Sande liegen von einem Speer durchstochen, und hatte er da sieben Wunden, doch nur eine Pein.

Der Aufensteiner frug ihn, ob er der Herr Wilhelm wäre. „Ja, und seid Ihr's, der Aufensteiner, so stehet hernieder zu mir."

Da sprach der Scherfenberger mit krankem Munde: „Nehmt dieses Ringlein; derweil es in Eurer Gewalt ist, zerrinnt Euch Reichtum und weltliche Ehre nimmermehr;" damit reichte er es ihm von der Hand.

Indem kam auch Heinrich der Told geritten und hörte, daß es der Scherfenberger war, der da lag.

„So ist es der", sprach er, „welcher seine Treue an meinem Herrn gebrochen. Das rächt nun Gott an ihm in dieser Stund."

Ein Knecht mußte den Todwunden auf ein Pferd legen, aber er starb darauf. Da machte der Told, daß man ihn wieder herablegte, wo er vorher gelegen war. Darnach ward der Scherfenberger beklagt von Männern und Weibern; mit dem Ring aber, den er dem Aufensteiner gegeben, war es auf folgende Weise zugegangen:

Eines Tages sah der Scherfenberger von seiner Burg auf dem Feld eine seltsame Augenweide. Auf vier langen vergüldeten Stangen trugen vier Zwerge einen Himmel von klarem und edlem Tuche. Darunter ritt ein Zwerg, eine goldene Krone auf dem Häuptlein, und in allen Gebärden als ein König. Sattel und Zaum des Pferdes war mit

Gold beschlagen, Edelsteine lagen darin, und so war auch alles Gewand beschaffen. Der Scherfenberger stand und sah es an, endlich ritt er hin und nahm seinen Hut ab.

Der Zwerg gab ihm guten Morgen und sprach: „Wilhelm, Gott grüß Euch!"

„Woher kennt Ihr mich?" antwortete der Scherfenberger.

„Laß Dir nicht leid sein", sprach der Zwerg, „daß Du mir bekannt bist und ich Deinen Namen nenne; ich suche Deine Mannheit und Deine Treue, von der mir viel gesagt ist. Ein gewaltiger König ist mein Genosse um ein großes Land, darum führen wir Krieg, und er will mir's mit List angewinnen. Über sechs Wochen ist ein Kampf zwischen uns gesprochen, mein Feind aber ist mir zu groß, da haben alle meine Freunde mir geraten, Dich zu gewinnen. Willst Du Dich des Kampfes unterwinden, so will ich Dich also stark machen, daß, ob er einen Riesen brächte, Dir's doch gelingen soll. Wisse, guter Held, ich bewahre Dich mit einem Gürtel, der Dir zwanzig Männer Stärke gibt."

Der Scherfenberger antwortete: „Weil Du mir so wohl traust und auf meine Mannheit Dich verläßt, so will ich zu Deinem Dienste sein; wie es auch mit mir gehen wird, es soll alles gewagt werden."

Der Zwerg sprach: „Fürchte Dich nicht, Herr Wilhelm, als wäre ich ungeheuer, nein, mir wohnt christlicher Glaube an die Dreifaltigkeit bei und daß Gott von einer Jungfrau menschlich geboren wurde."

Darüber ward der Scherfenberger froh und versprach, wo nicht Tod oder Krankheit ihn abhalte, daß er zu rechter Stunde kommen wollte.

„So kommt mit Roß, Rüstung und einem Knaben an diese Stätte hier, sagt aber niemanden etwas davon, auch Eurem Weibe nicht, sonst ist das Ding verloren."

Da beschwur der Scherfenberger alles.

„Sieh hin", sprach nun das Gezwerg, „dies Ringlein soll unserer Rede Zeuge sein; Du sollst es mit Freuden besitzen, denn lebst Du tausend Jahre, solang Du es hast, zerrinnet Dir Dein Gut nimmermehr. Darum sei hohen Mutes und halt deine Treue an mir."

Damit ging es über die Heide, und der Scherfenberger sah ihm nach, bis es in den Berg verschwand.

Als er nach Haus kam, war das Essen bereit, und jedermann frug, wo er gewesen wäre, er aber sagte nichts, doch konnt er von Stund an nicht mehr so fröhlich gebaren wie sonst. Er ließ sein Roß besorgen, sein Panzerhemd bessern, schickte nach dem Beichtiger, tat heimlich lautere Beichte und nahm danach mit Andacht des Herrn Leib. Die Frau suchte von dem Beichtiger die Wahrheit an den Sachen zu erfahren, aber der wies sie ernstlich ab. Da beschickte sie vier ihrer besten Freunde, die führten den Priester in eine Kammer, setzten ihm das Messer an den Hals und drohten ihm auf den Tod, bis er sagte, was er gehört hatte.

Als die Frau es nun erfahren, ließ sie die nächsten Freunde des Scherfenberger kommen, die mußten ihn heimlich nehmen und um seinen Vorsatz fragen. Als er aber nichts entdecken wollte, sagten sie ihm vor den Mund, daß sie alles wüßten, und als er es an ihren Reden sah, da bekannte er allererst die Wahrheit.

Nun begannen sie seinen Vorsatz zu schwächen und baten ihn höchlich, daß er von der Fahrt ablasse. Er aber wollt seine Treue nicht brechen und sprach, wo er das tue, nehme er fürder an allem Gut ab. Sein Weib aber tröstete ihn und ließ nicht nach, bis sie ihn mit großer Bitte überredete, dazubleiben; doch war er unfroh.

Darauf über ein halbes Jahr ritt er eines Tages zu seiner Feste Landstrotz hinter den Seinigen zuallerletzt.

Da kam der Zwerg neben zu ihm und sprach: „Wer Eure Mannheit rühmt, der hat gelogen! Wie habt Ihr mich hintergangen und verraten! Ihr habt an mir verdient Gottes und guter Weiber Haß. Auch sollt Ihr wissen, daß Ihr in Zukunft sieglos seid, und wäre das gute Ringlein nicht, das ich Euch leider gegeben habe, Ihr müßtet mit Weib und Kind in Armut leben."

Da griff der Zwerg ihm an die Hand und wollt's ihm abzucken, aber der Scherfenberger zog die Hand zurück und steckte sie in die Brust; dann ritt er von ihm über das Feld fort. Die vor ihm waren, die hatten alle nichts gesehen.

I 5.   Der Sieg-Gürtel

Der Kraftgürtel des Thor ist noch ein weiteres mal umgedeutet worden, wodurch er zu einem Sieggürtel geworden ist.

I 5. a)   Gesta danorum

In dieser „Geschichte der Dänen" wird ein Gürtel erwähnt, der seinem Träger den Sieg verlieht. Dieser Gürtel, der im Besitz von drei Jungfrauen ist, die wohl die drei Nornen sind, ist offenbar eine Variante des Kraftgürtels.

In der folgenden Sage ist die religiöse Mythe über Baldur („Balder") und Hödur („Hother") zu einer halbhistorischen Sage geworden.

Hother jedoch wanderte auf den abgelegendsten Seitenwegen und durchquerte einen unbewohnten Wald und kam schließlich zu einer Höhle, in der drei Jungfrauen lebten, die er nicht kannte, aber es stellte sich heraus, das es dieselben waren, die ihm einst die undurchdringliche Rüstung gegeben hatten.

Als sie ihn frugen, warum er zu ihnen gekommen sei, berichtete er ihnen von dem schrecklichen Ausgang des Krieges. Er begann über das Unglück seiner Fehlschläge und über sein Unglück zu weinen und er verdammte ihren Treubruch und klagte, daß die Dinge sich für ihn nicht so entwickelt hätten, wie sie es ihm versprochen hatten.

Die Jungfrauen sagten ihm jedoch, daß er, obwohl er nur selten siegreich gewesen sei, seinem Feind doch genausoviel Schaden zugefügt habe wie er ihm und daß er genausoviele Leichen auf der Seite seines Feindes verursacht habe wie dieser auf Hothers Seite. Sie sagen ihm weiterhin, daß der Sieg schon bald sein sein werde, wenn er eine bestimmte außergewöhnliche und besondere Speise in seine Hände bekommen könne, die dafür geschaffen worden war, um Balders Kraft zu vergrößern. Nichts würde mehr schwierig sein, wenn er diese Speise erlangen könnte, die dafür bestimmt war, die Stärke seines Feindes zu erhöhen.

... ...

Auf der anderen Seite musterte Balder die Dänen und traf Hother auf dem Schlachtfeld. Beide Seiten verursachten ein großes Gemetzel und die Verluste waren auf beiden Seiten fast gleich, als die Nacht die Schlacht beendete.

Um die Zeit der dritten Wache schlich Hother von allen unerkannt um den Feind auszuspionieren – seine Anspannung wegen der drohenden Gefahr hatte all seinen Schlaf verbannt. Diese große Aufregung fördert nicht die Entspannung des Körpers und innere Unruhe erträgt nicht das Ruhen des Körpers.

Als er in Balders Lager kam, hörte er, daß drei Jungfrauen hinausgegangen waren und die geheime Speise des Balder mit sich trugen. Er lief ihnen nach (ihre Fußstapfen im Tau verrieten ihren Weg) und betrat schließlich ihre gewohnte Behausung.

Als sie ihn frugen, wer er sei, antwortete er, daß er ein Lautenspieler sei, und er fehlte nicht, als sie ihn auf die Probe stellten, denn als sie ihm eine Leier gaben, stimmte er die Seiten, ordnete und beherrschte die Akkorde mit seinem Federkiel und spielte in wohltuender Weise eine Melodie, die dem Ohr angenehm war.

Die Jungfrauen hatten drei Schlangen, deren Gift sie zur Stärkung in die Speise für Balder mischten, und auch als er in der Behausung war, tropfte das Gift aus den offenen Mündern der Schlangen in die Speise. Einige der Jungfrauen hätten Hother aus Freundlichkeit etwas von der Speise gegeben, wenn es ihnen die älteste nicht verboten und verkündet hätte, daß Balder betrogen werden würde, wenn sie die Körperkraft seiner Feinde stärken würden.

Er hatte nicht gesagt, daß er Hother sei, sondern einer von ihrem Heer. Diese Nymphen gaben ihm aus ihrer Freundlichkeit heraus einen Gürtel von vollkommenem Glanz sowie einen Gürtel, der seinem Träger den Sieg verlieh.

Hödur erhält den Sieggürtel von den drei Nornen – so wie Thor seinen Kraftgürtel von der Jenseitsgöttin-Riesin Grid erhalten hat. Es hat den Anschein, als ob der Gürtel den Priestern von der Jenseitsgöttin verliehen worden ist – vermutlich auf der symbolischen Jenseitsreise der Priester bei ihrer Einweihung.

I 6.   Der Stärke-Ring

Es lag nahe, die Eigenschaften des Stärke-Gürtels auch auf den magischen Ring zu übertragen, der der Ring die Wiedergeburt der Sonne und die Jenseitsreise und daher auch die Einweihung der Priester und die Krönung der Könige symbolisiert hat.

I 6 a)   Garel vom blühenden Tal

Daraufhin fragt Garel Albewin nach dem fest verschlossenen Gaden und erfährt, dass Duzabel dort zusammen mit einer Gruppe von Jungfrauen gefangen gehalten werde. Als der Ritter den Zwergenanführer bittet, ihm zu helfen, diese zu befreien, schenkt dieser ihm einen Ring, der ihm die Stärke von zwölf Männern verleihen soll, und ein Schwert, das ihn beinahe unbesiegbar macht.

I 7.   Der magische Gürtel

Das Motiv des Kraftgürtels ist in vielfältiger Weise weiterentwickelt worden. Seine Fähigkeit, Schlösser zu öffnen, ist vermutlich eine Umdeutung der Fähigkeit der Priester, durch das Jenseitstor in das Reich der Toten und zu den Göttern zu reisen.

I 7. a)   Faröische Heldenlieder: Högni-Lied

In diesem Lied erhält Högni von seiner Mutter einen magischen Gürtel, der mit Runen beschrieben ist und der alle Schlösser zu öffnen und zu schließen vermag.
Der „Goldberg" ist ein Hügelgrab.

Das sprach Högni Högnis Sohn, er lächelte unterm Linnen:
„Das erkenne ich an mir selber, daß Du bist die Mutter mein."
„Hör' das Högni, mein Sohn, ich sag' Dir in Wahrheit davon:
Högni bat Dich ihn zu rächen, falls Du leben möchtest.

Nimm Du diesen Runengürtel, bind' ihn um Deine Lenden:
Er kann alle Schlösser schließen, alle Sorgen lindern."
Drauf sprach seine liebe Mutter, die Zunge führt' sie so schnelle:
„Ich gebe Dir das geschmückte Schwert, das Dein Vater holt' aus dem Berge.

Ich gebe Dir beides Gold und Gut und manche rote Ringe:
Nimm es an, mein lieber Sohn, und räche den Tod Deines Vaters."

... ...

Früh wars am Morgen, die Sonne begann schön zu röten:
Da lüstet ihn in den Goldberg, sein rotes Gold zu beschauen.
Sie reiten fort zu Walde, freudenvoll im Sinn:
Er weist ihn zu dem Hause, das innen mit Gold belegt war.

Darauf spricht König Artala und greift so zu den Worten:
„Hör' das nun, Herr Svein Högni-Sohn, Du sollst hier zuerst eingehen."
Drauf gab Herr Svein zur Antwort: „Des muß ich nun walten;
Du trägst höhere Krone, zuerst sollst Du eingehen."

Das war der tapfre König Artala, er schaute hinein in das Haus:
Högni warf die Türe ins Schloß und wandte sich so von dannen.
Högni stund außen davor, froh und ohne Sorge:
Er schloß sie wieder mit dem Runengürtel, daß keiner von ihnen heraus konnte.

„Beides hast Du, Gold und Gut und dazu großen Reichtum:
Willst Du etwa, König Artala, empfangen Wasser und Brot?"
„Beides habe ich Gold und Gut und dazu großen Reichtum:
Gerne will ich nun, Herr Svein, von Dir empfangen Wasser und Brot."

Innen ließ er beide verhungern bei dem roten Gold:
Das tat Högni Högni-Sohn, so rächte er seines Vaters Tod.
Das war Högni Högni-Sohn, großes Gold mocht' er erlangen:
Er kam nicht wieder in den Goldberg, bevor der König tot lag.

I 7. b)   Faröische Heldenlieder: Brünhild-Lied

In diesem Lied trägt Sigurd („Sjurd") zwar einen geschmückten Gürtel, aber es wird nicht berichtet, daß dieser Gürtel magische Kräfte besessen hätte. Trotzdem ist eine Assoziation zu Thors Kraftgürtel gut denkbar, da Sigurd wie Thor übermenschliche Kräfte besaß.

Mir träumte, ich saß auf Granis Rücken, nicht spart' ich ihn zu spornen:
Vor ihm auf grünem Felde rann so großes Männerblut,
Mir träumte, es barst mein Schild, das Gold sammt geschmücktem Gürtel:
Mir träumte mein gutes Schwert erklang am goldenen Helme."

Thor hat seinen Kraftgürtel von der Riesin Grid erhalten. Dieser Gürtel wird ursprünglich wie die Handschuhe ein Bestandteil der Kleidung der Seherinnen und vermutlich auch der Priester gewesen sein.

Die Stärkung des Thor durch seinen Kraftgürtel könnte darauf zurückgehen, daß der Gürtel wie der Zauberstab von einem Symbol für die Fähigkeiten der Schamanen, Priester, Priesterinnen, Seher, Seherinnen, Zauberer und Zauberinnen zu der Quelle dieser Fähigkeiten umgedeutet worden ist.

Sowohl die Handschuhe als auch die Gürtel der Seherinnen und des Thor scheinen vor allem eine Erweiterung der Zauberstab-Symbolik zu sein.

Der Gott Hödur hat von drei zauberkundigen Jungfrauen, die die drei Nornen sein werden, einen Sieggürtel erhalten, der eine Variante des Kraftgürtels des Thor sein wird.

Auch einige Tyr-Zwerge und evtl. auch Sigurd besitzen einen solchen Gürtel.

Högni besaß einen Gürtel, der alle Schlösser öffnen und schließen konnte – was sicherlich eine recht späte Umdeutung des Kraftgürtels ist.

II Der Gürtel in der indogermanischen Überlieferung

Zu den meisten Gewändern gehört auch ein Gürtel. Dieser kann daher so selbstverständlich sein, daß seine besondere Bedeutung im Priesterornat in der schriftlichen Überlieferung nicht erwähnt wird. Es ist auf jeden Fall anzunehmen, daß der Gürtel häufiger eine Bedeutung gehabt hat, als es überliefert worden ist.

Als Teil der Priesterkleidung wird der Gürtel vermutlich überall, wo er von Priestern getragen worden ist, eine Bedeutung beigelegt bekommen haben.

Außer von den Germanen sind besondere Gürtel bei den Indogermanen nur noch von den Griechen, den Indern und Persern bekannt.

II 1. Der Gürtel in der griechischen Überlieferung

Homer berichtet, wie Athene zu Hera folgendes gesprochen hat:

Illias 14, 212:
Ihr antwortete drauf die hold anlächelnde Kypris:
„Nie wär's recht, noch geziemt es, Dir jenes Wort zu verweigern;
Denn Du ruhst in den Armen des hocherhabnen Kronion."
Sprach's, und löste vom Busen den wunderköstlichen Gürtel,
Buntgestickt: dort waren des Zaubers Reize versammelt;
Dort war schmachtende Lieb' und Sehnsucht, dort das Getändel,
Und die schmeichelnde Bitte, die selbst den Weisen betöret.
Den nun reichte sie jene und redete, also beginnend:
„Da, verbirg' in dem Busen den bunt durchschimmerten Gürtel,
Wo ich des Zaubers Reize versammelte. Wahrlich Du kehrst nicht
Sonder Erfolg von dannen, was Dir dein Herz auch begehret."
Sprach's; da lächelte sanft die hoheitblickende Hera;
Lächelnd drauf verbarg sie den Zaubergürtel im Busen.
Jene nun ging in den Saal, die Tochter Zeus' Aphrodite.

Dieser Gürtel enthält offenbar einen Liebeszauber. Er ähnelt daher dem Brisingamen der Freya – beidemale ist ein Gegenstand der Göttin mit deren Funktion als Wiedergeburts-Geliebter verbunden worden.

II 2. Der Gürtel in der indischen Überlieferung

Rig-Veda 2, 33:
Der Starke, der von den Maruts gegürtet worden ist,
hat mich erfrischt mit der am allermeisten stärkenden Speise.

Hier wird das Trinken des Soma („Speise") als ein Gürten, d.h. vermutlich als ein Stärken und Festigen angesehen.

Rig-Veda 8, 65:
Verlasse mich nicht – darum rufe ich diesen Indra an, der von den Maruts gegürtet
*   worden ist,*
den Herrn der magischen Kraft, der mit Macht herrscht.

Auch hier scheint der Gürtel das Symbol für den Halt und die Sicherheit zu sein. In beiden Textstellen wird der Gürtel auch mit Kraft assoziiert, aber er ist kein „magischer Kraftgürtel" wie bei Thor, auch wenn eine solche Assoziation natürlich nicht ausgeschlossen werden kann – zumal sowohl Indra als auch Thor Donnergötter sind.

<u>II 3. Der Gürtel in der persischen Überlieferung</u>

Im Zend-Avesta ist des öfteren von dem „Mann, der den heiligen Gürtel anlegt" die Rede. Bei ihm handelt es sich um einen Priester, zu dessen Ornat offensichtlich auch ein Gürtel gehörte.

Zend-Avesta, Ormazd Yast:
„Der, der diese Worte ausspricht, wenn er sich erhebt oder wenn er sich niederlegt,
wenn er sich niederlegt oder wenn er sich erhebt,
wenn er sich den heiligen Gürtel umbindet oder wenn er den heiligen Gürtel wieder löst,
wenn er sein Wohnhaus verläßt oder wenn er in die Stadt geht,
oder wenn er sein Land verläßt und in ein anderes Land kommt –
dieser Mann wird weder an diesem Tag noch in dieser Nacht von Waffen verwundet werden."

In diesem Text ist der heilige Gürtel auch ein magischer Schutz.

Zend Avesta, Fargard 43:
„Es gibt viele, o heiliger Zarathustra," sprach Ahura Mazda, „die einen Umhang tragen, aber die ihre Lenden nicht mit dem Gesetz gegürtet haben. Wenn solch ein Mann sagt 'Ich bin ein Athravan.', dann lügt er."

Die Redewendung „sich mit dem Gesetz gürten" könnte darauf hinweisen, daß der Gürtel mit der Priesterschaft assoziiert worden ist, die die Verkörperung des (von Ahura Mazda gegebenen) Gesetzes war. Der Gürtel würde in diesem Fall das Gesetz symbolisieren.
Diese Redewendung könnte sich allerdings auch einfach darauf beziehen, daß der Gürtel der Kleidung Halt gibt – so wie auch das göttliche Gesetz der Gemeinschaft der Menschen Halt geben soll.

Zend-Avesta, Ram Yast:
„ir opfern Dir, o großer Vayu! Wir opfern Dir, o starker Vayu!
Wir opfern dem Vayu, dem Größten der Großen.
Wir opfern dem Vayu, dem Stärksten der Starken.
Wir opfern dem Vayu mit dem goldenen Helm.
Wir opfern dem Vayu mit der goldenen Krone.
Wir opfern dem Vayu mit der goldenen Halskette.
Wir opfern dem Vayu mit dem goldenen Streitwagen.
Wir opfern dem Vayu mit dem goldenen Rad.
Wir opfern dem Vayu mit den goldenen Waffen.
Wir opfern dem Vayu mit der goldenen Kleidung.
Wir opfern dem Vayu mit den goldenen Schuhen.
Wir opfern dem Vayu mit dem goldenen Gürtel.
Wir opfern dem heiligen Vayu.
Wir opfern dem Vayu, der in der Höhe wirkt."

Vayu ist der Windgott der Perser (und der Inder). Offensichtlich ist dieser Luft- und Windgott zu einem „goldenen" Sonnengott geworden – so wie dies auch von vielen andere Luft- und Himmelsgöttern bekannt ist.
Die goldenen Waffen des Vayu sind vermutlich vor allem das goldene Sonnenschwert, das u.a. auch von Tyr-Surtur bekannt ist.

Zend-Avesta, Yasna 9 (Hom Yast):
„Heil Dir, o Haoma, ...
Mazda hat Dich geboren, den Sternen-besetzten Gürtel, den Geist-Erschaffenen, den Uralten, den Glauben des Mazda. So bist Du damit auf den Gipfeln der Berge gegürtet, damit Du die Vorschriften verbreiten kannst und die Sprüche der Mathras und um den Lehrern der Mathras zu helfen.

Hier wird der Ritual-Trank Haoma als „Sternen-besetzter Gürtel" bezeichnet. Vermutlich stellen die Sterne die Worte des Gesetzes des Mazda dar, da das Trinken des Haoma den Trinker in Einklang mit Ahura Mazda bringt.

II 4. Der Gürtel in der indogermanischen Überlieferung

> Der Gürtel scheint bei den Germanen ein Bestandteil des Priester-Ornats gewesen zu sein und mit Halt, Sicherheit, Stärke und dem Einhalten des „Gesetzes" assoziiert worden zu sein – was ja weitgehend der Funktion eines Gürtels entspricht.
>
> Es ist zwar denkbar, daß es auch schon bei den Indogermanen die Vorstellung über einen „magischen (Kraft-)Gürtel" gegeben hat – sicher ist die jedoch nicht.
>
> Der Gürtel als Symbol der religiösen Standfestigkeit ist eher eine Vorstellung aus dem Monotheismus und dem Königtum und wird daher nicht allzuweit in die Jungsteinzeit zurückreichen.

III Der Gürtel bei den Nachbarn der Germanen

Die Finnen und die Germanen sind seit 1800 v.Chr. Nachbarn gewesen, weshalb sich ihre Mythen z.T. miteinander vermischt haben. Dadurch finden sich in der finnischen Kalevala u.a. auch germanische Symbole.

III 1. Der Gürtel bei den Finnen

In der Kalevala wird an zwei Stellen über einen Gürtel berichtet:

Diese Worte, die erhalten,
Diese Lieder, die entnommen
Sind dem Gürtel Wäinämöinen's,
Aus der Esse Ilmarinen's,
Von dem Schwerte Kaukomieli's,
Von dem Bogen Joukahainen's,
Von der Grenz' der Nordgefilde
Von den Fluren Kalewala's.

Wäinämöinen ist ein Zauberer. Da sich seine Lieder „in seinem Gürtel" befinden, ist sein Gürtel auch hier der „Halt des Zauberers".

„Unser Werber ist bekleidet
Um den Leib mit wollnem Gürtel,
Den gewebt der Sonne Tochter,
Sie gewirkt mit schönen Fingern
Zu den feuerlosen Zeiten,
Als das Feuer man nicht kannte."

Ein „Gürtel der Sonnentochter" fügt sich mühelos in die bisher besprochene Symbolik.

IV   Der Gürtel in Göbekli Tepe

Die ältesten bekannten Gürtel stammen aus den Reliefs in den Tempeln von Göbekli Tepe, die ungefähr in der Zeit von 10.500-9.000 v.Chr. errichtet worden sind. Sie sind bisher nur bei Männern-Statuen und bei den beiden Zentralpfeilern des „Kranichtempels" gefunden worden.

Die Gürtel tragen als Symbole das „H", das „┬" und das „C". Daraus läßt sich schließen, daß sie mit der Großen Mutter („C"), mit der Verbindung der Lebenden zu ihr („┬") und mit den Mittelpfeilern assoziiert gewesen sind („H") – wobei sich letzteres schon daraus ergibt, das die beiden Mittelpfeiler-Statuen diese Gürtel tragen.

„kubistische" Statue eines Mannes mit Gürtel und Fuchsfell; unten: Seelenvögel

Der Gürtel erscheint hier recht deutlich als ein Kennzeichen des Schamanen, dessen Aufgabe es ist, die Verbindung der Lebenden zu den Toten bzw. zu der Großen Mutter herzustellen und zu erhalten. Diese Bedeutung des Gürtels wird dadurch bestätigt, daß der einer der Mittelpfeiler ein Fuchsfell als Lendenschurz in seinem Gürtel stecken hat.

In einer hurritsch-hethitischen Mythe heißt es, das der Steinriese Upelluri bis zu seinem Gürtel im Meer, d.h. in der Unterwelt gestanden hat. Falls es eine alte Vorstellung sein sollte, das der Urriesen-Mittelpfeiler symbolisch bis zu Hälfte, also bis zu seinem Gürtel in der Unterwelt gestanden hat, wurde dies erklären, warum die Rinne auf der Vorderseite der T-Pfeiler nur vom Kinn bis zum Gürtel reichte, aber nicht weiter hinab – denn ab dem Gürtel abwärts befand sich der Urriese bereits in der Unterwelt.

Die „H" auf dem Gürtel würden sich dann auf die Meeres- bzw. Erdoberfläche als dem Übergang zwischen dem Diesseits und dem Jenseits beziehen, während die „C" auf dem Gürtel auf die Große Mutter im Jenseits verweisen würden.

Diese Überlegungen bezüglich des Gürtels der Mittelpfeiler-Statuen bzw. des Upelluri sind aber vorerst nur eine Arbeitshypothese, die durch weitere Funde bzw. Mythen überprüft werden muß.

Das nostratische Wort für „Gürtel" und für „binden" ist „gudu". Von ihm leitet sich u.a. das indogermanische „hwedh" ab, das sich z.B. in dem altirischen Wort „felid" für „Joch" erhalten hat.

Die detaillierten Beschreibungen der Tempel und der Symbole finden sich in dem Buch „Eilenstein: Göbekli Tepe".

Die Symbol-geschmückten Gürtel der Mittelpfeiler-Statuen in den Tempeln von Göbekli Tepe scheinen diese Statuen als Schamanen zu kennzeichnen.

Das bedeutet, daß sich die Gürtel der Priester und Priesterinnen der Germanen um 1200 n.Chr. und auch der von ihnen abgeleitete Kraftgürtel des Thor ca. 11.000 Jahre weit zu den frühjungsteinzeitlichen Schamanen von Göbekli Tepe zurückverfolgen lassen.

E   Die Handschuhe

I   Die Handschuhe in der germanischen Überlieferung

Der Zauberstab, die Handschuhe und der Gürtel waren die drei Abzeichen der Priester/Seher und der Priesterinnen/Seherinnen.

I 1.   Die Handschuhe der Priesterin

I 1. a)   Die Saga über Erik den Roten

In einigen Beschreibungen von Seherinnen werden auch deren Handschuhe beschrieben, wobei sich nicht genau erkennen läßt, ob diese einfach ein Kleidungsstück sind oder ob sie eine besondere Bedeutung und eine rituelle Funktion haben.

Schließlich kam die Seherin am Abend begleitet von dem Mann, der ausgesandt worden war, um sie zu treffen. Sie war folgendermaßen gekleidet:
Sie trug einen blauen Mantel mit Schnüren am Hals, der bis hinab zum Saum mit Edelsteinen bedeckt war.
An ihrem Hals trug sie Glasperlen.
Auf ihrem Kopf trug sie eine schwarze Mütze aus Lammfell, das am Rand mit weißem Hermelin abgesetzt war.
In ihrer Hand hielt sie einen Stab mit einem Knauf am oberen Ende, der mit Messing verziert war und dessen Knauf mit Edelsteinen eingelegt war.
Sie hatte einen Gürtel aus weichem Haar um sich gebunden, an dem eine große Felltasche hing, in der sie die Talismane aufbewahrte, die sie in ihrer Weisheit brauchte.
Sie trug an ihren Füße Schuhe aus ungeschorenem Kalbsfell mit langen und haltbar aussehenden Schnürriemen, die in Bronzekugeln endeten.
An ihren Händen trug sie Handschuhe aus Hermelin-Fell, deren weiße Fellseite nach innen gekehrt war.

I 1. b)　Die Saga über Hrolf Kraki

In dieser Saga haben die Handschuhe schon deutlicher erkennbar auch eine magische Funktion, da sie an die Stelle des sonst üblichen Schlages mit dem Zauberstab treten. Die Symbolik des Zauberstabes scheint auch auf die Handschuhe, mit denen die Seherin bzw. der Zauberer den Stab hielt, übertragen worden zu sein.

Da schlug Königin Hvit den Berserker Bjorn mit einem Wolfsfell-Handschuh und sagte, daß er sich nun in einen grimmigen und grausigen Höhlenbären verwandeln werde, „und Du wirst keine andere Nahrung haben als Deines Vaters Herden. Du wirst sie für Deine Ernährung in unglaublichen Mengen reißen müssen und Du wirst diesen Zauberbann nie abschütteln können. Dies ist mein kleines Geschenk für Dich, damit Du Dich an mich erinnerst und Du wirst dies schlimmer als alles andere finden!"

Diese von Zauberinnen benutzten Wolfsfell-Handschuhe wurden „ulf-hanzki", also wörtlich „Wolfs-Handschuh" genannt.

I 2.　Die Handschuhe des Priesters

I 2. a)　Die Saga über Sturlaug den Mühen-Beladenen

Die folgende Szene ist möglicherweise eine Umdeutung einer früheren Regel, die besagte, daß der Priester bzw. die Priesterin das Horn mit dem Ritual-Met, das hier zu „Gift" umgedeutet worden ist, nicht mit bloßen Händen, sondern nur mit Handschuhen berühren durfte.

„In Bjarmaland steht ein bestimmter Tempel. Er ist dem Thor und dem Odin, der Frigg und der Freya geweiht und mit viel Geschick aus den wertvollsten Hölzern hergestellt worden. Der Tempel hat eine Tür nach Nordwesten und eine Türe nach Südwesten. Dort innen ist lediglich Thor. Das Auerochsenhorn liegt vor ihm auf einem Altar und sieht schön aus wie Gold.
Es sollte nur Sturlaug hineingehen, denn nur sein Glück reicht dafür aus. Trotzdem darf er das Horn nicht mit seinen bloßen Händen berühren, denn es ist voller Gift und Zauberei."

I 3. Die Jenseitsreise-Handschuhe

I 3. a) Thorstein-Saga

In dieser Saga bittet ein „Geister-Junge" seine „Geister-Mutter", nicht nur um einen Stab, sondern auch um die dazugehörigen Handschuhe. Beides scheint also miteinander assoziiert worden zu sein.

„Mutter, gib mir den Stab und die Handschuhe, denn ich will auf Gandreid gehen."

Anschließend überlistet Thorstein die Mutter des Jungen, die beide in einem Hügelgrab wohnt, also selber eine Tote im Jenseits ist, sodaß sie auch ihm Handschuhe und Stab gibt. In dem Kapitel „Hügelgrab" in Band 49 wird diese Geschichte ausführlich berichtet.

Mithilfe der Stäbe und der Handschuhe können der Junge und Thorstein in das Jenseits reisen.

„Gandreid" bedeutet „Stabritt", womit eine Jenseitsreise gemeint ist. Dafür brauchte man einen Zauberstab – später wurde daraus der Hexenbesen.

Die Reise in das Jenseits zu den Ahnen und Göttern ist sozusagen der tägliche „Arbeitsweg" der Schamanen, Priester, und Zauberer, deren Symbol neben dem Stab auch die Handschuhe sind.

I 4. Die Handschuhe des Thor

I 4. a) Heimskringla

Die bekanntesten Handschuhe der germanischen Mythen sind die Eisenhandschuhe des Thor, mit denen er seinen Hammer hält. Da Thor seinen Hammer auch zum Weihen einer Braut (Thrym-Lied) und für die Wiedergeburt seiner geschlachteten Ziegenböcke (Thors Fahrt zu dem Riesen Geirröd) benutzte, hat Thors Hammer auch die Qualitäten eines Zauberstabes. Daher werden auch Thors Handschuhe den Handschuhen der Priester-Seher und der Priesterinnen-Seherinnen entsprechen.

In der Geirröd-Mythe erhält Thor zudem seine Handschuhe und einen (Zauber-) Stab von einer Riesin, die hier wohl an die Stelle der Priesterinnen und Seherinnen getreten ist.

Diese Szene wird auch in dieser mythologisch-historischen Chronik der norwegischen Könige dargestellt:

Unterwegs nahm Thor Herberge bei einem Riesenweib, das Grid hieß. Sie war die Mutter Widars des Schweigsamen. Sie sagte dem Thor die Wahrheit über Geirröd, er sei ein gemeiner und übel umgänglicher Jötun. Auch lieh sie ihm ihren eigenen Stärkegürtel und ihre Eisenhandschuhe und ihren Stab, Gridarwöl genannt.

I 4. b)   Die jüngere Version der Huldar-Saga

Dieser Satz wurde wörtlich in die Huldar-Saga übernommen:

Thor hatte sich gelegentlich einer Fahrt nach Geirraudar-Gardar mit der Riesin Gridr befreundet, die ihm Stab und Handschuhe lieh.

I 4. c)   Gylfis Vision

Die Handschuhe gehören zu der „Standard-Ausrüstung" des Gottes Thor. Die Bezeichnung seiner Handschuhe als „Eisenhandschuhe" scheint ein feststehendes Motiv gewesen zu sein – dieses Material seiner Handschuhe sollte vermutlich seine Stärke unterstreichen.

So wie die Seherinnen ihren Stab anscheinend immer mit Handschuhen ergreifen, scheint auch Thor seine Handschuhe zu brauchen, um seinen Hammer schwingen zu können.

Thor hat zwei Böcke, sie heißen Tanngniost und Tanngrisnir und einen Wagen, worin er fährt. Die Böcke ziehen den Wagen: darum heißt er Ökuthor.

Er hat auch drei Kleinode: den Hammer Mjölnir, den Hrimthursen und Bergriesen kennen, wenn er geschwungen wird; was nicht zu verwundern ist, denn er hat ihren Vätern und Freunden manchen Kopf damit zerschlagen.

Sein anderes Kleinod ist der Kraftgürtel, Megingiardar genannt: wenn er den um sich spannt, so wächst ihm die Asenkraft noch um die Hälfte.

Noch ein drittes Ding hat er, in dem großer Wert liegt, das sind seine Eisenhandschuhe: die kann er nicht missen, um den Schaft des Hammers zu fassen.

I 4. d)   Gylfis Vision

Am ausführlichsten wird in diesem Skaldenkunst-Lehrbuch über Thors Handschuhe berichtet:

Es verdient gar sehr erzählt zu werden, wie Thor nach Geirrödsgard fuhr, denn da hatte er weder den Hammer Miölnir, noch den Stärkegürtel, noch die Eisenhandschuhe bei sich, woran Loki schuld war, der ihn begleitete.

Denn dem Loki war es einstmals begegnet, als er zu seiner Kurzweil mit Friggs Falkenhemd ausflog, daß er aus Neugierde nach Geirrödsgard flog, wo er eine große Halle sah. Da ließ er sich nieder und sah ins Fenster. Aber Geirröd erblickte ihn und befahl, den Vogel zu greifen und ihm zu bringen.

Der Ausgesandte gelangte mit Not die Hallenwand hinan, so hoch war sie. Loki ergötzte sich daran, wie jener ihm so mühsam nachstrebte, und dachte, es sei noch früh genug für ihn, aufzufliegen, wenn der Mann das Beschwerlichste überstanden habe. Als dieser nun nach ihm langte, da schlug er die Flügel und spreizte die Füße; aber diese hingen fest. Da wurde Loki ergriffen und dem Riesen Geirröd gebracht.

Als der ihm in die Augen sah, da ahnte ihm, daß es ein Mann sein möge, und gebot ihm, Rede zu stehen; aber Loki schwieg. Da schloß ihn Geirröd in eine Kiste und ließ ihn da drei Monate hungern.

Die Frist von drei Monaten erscheint des öfteren in der Edda als die Zeit zwischen zwei Festen. Dies bezieht sich auf die drei Sommermonate, während der Loki in der Unterwelt gefangen lag und während der Tyr (Geirröd) im Diesseits herrschte.

Und als ihn Geirröd herausnahm und reden hieß, gestand Loki, wer er sei und löste sein Leben damit, daß er dem Geirröd schwur, den Thor nach Geirrödsgard zu bringen, ohne daß er den Hammer und den Stärkegürtel hätte.

Unterwegs nahm Thor Herberge bei einem Riesenweib, das Grid hieß. Sie war die Mutter Widars des Schweigsamen. Sie sagte dem Thor die Wahrheit über Geirröd, er sei ein hundweiser und übel umgänglicher Jötun.

Auch lieh sie ihm ihren eigenen Stärkegürtel und ihre Eisenhandschuhe und ihren Stab, Gridarwöl genannt.

Da fuhr Thor zu dem Fluß, der Wimur hieß, dem größten aller Flüsse. Da um spannte er sich mit den Stärkegürteln und stemmte Grids Stab gegen die Strömung; Loki aber hielt sich unten am Gurt.

Bei dieser Überquerung des Jenseitsflusses hält Thor ganz klassisch einen Stab und nicht seinen Hammer mit seinen Händen, an denen er Grids Handschuhe trug.

Schließlich erreicht Thor Tyr-Geirröd und kämpft mit ihm.

... ...

Da ließ Geirröd den Thor in die Halle zu den Spielen rufen. Da waren große Feuer der ganzen Länge der Halle nach.
Als jedoch Thor in der Halle dem Geirröd gegenüber stand, da faßte Geirröd mit der Zange einen glühenden Eisenkeil und warf ihn nach Thor. Aber Thor fing ihn mit den Eisenhandschuhen in der Luft auf. Geirröd sprang hinter eine Eisensäule, sich zu wahren. Aber Thor warf den Keil, daß er durch die Säule fuhr, durch Geirröd, durch die Wand und draußen noch in die Erde.

Die Handschuhe, die Thor von Grid erhielt, waren offenbar feuerfest – vermutlich waren dies bereits seine berühmten Eisenhandschuhe.

I 5.   Der Riesen-Handschuh

I 5. a)   Gylfis Vision

Der bekannteste germanische Handschuh findet sich in der folgenden Thor-Mythe:

Thor ließ seine Böcke dort zurück und setzte seine Reise ostwärts nach Jötunheim bis an das Meer fort, fuhr dann über die tiefe See und als er die Küste erreichte, stieg er ans Land und mit ihm Loki, Thialfi und Röskwa. Als sie eine Weile gegangen waren, kamen sie an einen großen Wald, durch den gingen sie den ganzen Tag bis es dunkel wurde. Thialfi, aller Männer fußrüstigster, trug Thors Tasche; aber Speisevorrat war nicht leicht zu erlangen.
Als es dunkel geworden war, suchten sie ein Nachtlager und fanden eine ziemlich geräumige Hütte. An einem Ende war der Eingang so breit wie die Hütte selbst: die wählten sie zum Nachtaufenthalt.
Aber um Mitternacht entstand ein starkes Erdbeben, der Boden zitterte unter ihnen und die Hütte schwankte. Da stand Thor auf und rief seine Gefährten; sie suchten weiter und fanden in der Mitte der Hütte zur rechten Hand einen Anbau: da gingen sie hinein. Thor setzte sich in die Türe; die anderen hielten sich innerhalb hinter ihm und waren sehr bang.
Thor hielt den Hammerschaft in der Hand und gedachte sich zu wehren. Da hörten sie viel Geräusch und Getöse. Und als der Tag anbrach, ging Thor hinaus und sah da einen Mann nicht weit von ihm im Walde liegen, der war nicht klein; er schlief und

schnarchte gewaltig. Da glaubte Thor zu verstehen, welchen Lärm er in der Nacht gehört hatte, und umspannte sich mit den Stärkegürteln. Da wuchs ihm die Asenstärke.

Währenddessen erwachte der Mann und stand hastig auf. Und da wird gesagt, daß Thor dieses eine Mal nicht gewagt habe, mit dem Hammer nach ihm zu schlagen. Er frug ihn aber nach seinem Namen und er nannte sich Skrymir.

„Und nicht brauche ich," sagte er, „Dich um Deinen Namen zu fragen: ich weiß, daß Du Asathor bist. Aber wohin hast Du meinen Handschuh geschleppt?"

Da streckte Skrymir den Arm aus und hob seinen Handschuh auf. Nun sah Thor, daß er den in der Nacht zur Herberge gehabt hatte und daß der Anbau der Däumling des Handschuhs gewesen war.

Der Riese Skrymir ist der ehemalige Göttervater Tyr als Riese im Jenseits. Diese Mythe ist ein Teil der Auseinandersetzung unter den Germanen darüber, ob nun Thor oder Tyr der größere Gott sei – diese Debatte findet sich u.a. auch im Hymir-Lied, in dem zugunsten von Thor entschieden wird.

Bei einem Handschuh des Tyr könnte man an Tyrs abgebissene bzw. abgeschlagene rechte Hand denken, aber es ist in dieser Mythe nichts zu finden, das auf eine solche Assoziation hinweisen würde.

I 5. b) Harbard-Lied

In diesem Lied verspottet Odin („Harbard") seinen Sohn Thor damit, daß er sich einst in dem Handschuh eines Riesen versteckt hat, ohne den Handschuh überhaupt als solchen zu erkennen.

Harbard:
„Thor hat Macht genug, aber nicht Mut.
Aus feiger Furcht fuhrst Du in den Handschuh,
Trautest nicht mehr Thor zu sein.
Nicht wagtest Du, so warst Du in Not,
Zu niesen noch zu furzen, daß es Fialar hörte."

I 5. c) Lokasenna

Denselben Spott bekommt Thor auch von Loki zu hören:

Thor:
„Schweig, unreiner Wicht, sonst soll mein Hammer
Miölnir den Mund Dir schließen.
Oder ich werf Dich auf gen Osten,
Daß kein Mann Dich mehr erschaut."

Loki:
„Deine Ostfahrten würden unbesprochen
Allzeit besser bleiben,
Seit im Däumling Du, Kämpe, des Handschuhs kauertest
Und selbst nicht meintest Thor zu sein."

I 6.   Die magischen Handschuhe

I 6. a)   Chronicon lethrense

Die seltsamste Szene mit einem Handschuh findet sich in dieser Chronik der ehemaligen dänischen Hauptstadt Lejre.

Der Meeresriese Hler, zu dem Tyr in der nächtlichen bzw. winterlichen Wasserunterwelt wird, wird in dieser Chronik „Lä" oder „Lee" genannt. Entsprechend heißt die Insel Hlesey hier „Läsö" oder „Lee-Insel".

Die in Klammern stehenden nicht-kursiven Teile des folgenden Textes sind Einschübe, die nicht im Original stehen, aber sich aus dem Zusammenhang ergeben und das Verständnis der Geschichte erleichtern.

Da sandte König Hakon von Schweden den Dänen einen kleinen Hund als König – mit der Warnung, daß der, der als erster sagen würde, daß der Hund tot ist, sein Leben verlieren würde. Eines Tages saß das Hündchen an der Tafel und die großen Hunde balgten sich auf dem Fußboden. Als das Hündchen von der Tafel herabsprang, bissen die großen Hunde es zu Tode. Und niemand wagte es, König Hakon davon zu erzählen.

Da befahl der Riese Lee (der Meeresgott Hler) *von der Lee-Insel* (Hlesö) *seinem Hirten Snio („Schnee"), sich das Königreich des Hakon zu holen. Als Snio zu König Hakon kam, frug ihn dieser nach den Neuigkeiten.*

Snio antwortete: „Die Bienen in Dänemark sind alle betäubt."

Da sprach König Hakon: „Wo hast Du letzte Nacht geschlafen?"

Snio antwortete dem König: „Dort, wo die Schafe die Wölfe fressen."
„Wie das?"
„Weil der Wolf gekocht und den Schafen als Heilmittel zu trinken gegeben wurde."
„Wo hast Du die Nacht davor geschlafen?"
„Dort, wo der Wolf den Karren fraß und die Pferde davongelaufen sind."
„Wie kann das sein?"
„Weil drei Biber Holz sammelten und einer von ihnen, der der Biber-Leibeigene genannt wurde, mit ausgestreckten Beinen auf dem Boden zusammenbrach. Die anderen Biber legten das Holz zwischen seine Beine und gingen vor ihm her und zogen ihn wie Ochsen einen Karren. Die Wölfe kamen und fraßen den Biber-Leibeigenen, der das Holz zwischen seinen Beinen hatte; und die Biber, die ihn zogen, rannten fort."
„Wo hast Du in der dritten Nacht geschlafen?" frug der König.
Snio antwortete: „Dort, wo die Mäuse die Axt-Klinge, aber nicht den Stil fraßen."
„Wie das?"
„Weil Kinder eine Axt-Klinge aus weißem Käse gemacht hatten. Die Mäuse fraßen die, aber nicht den Stock, aus dem der Axt-Stil gemacht worden war."
Da frug der König nach den Neuigkeiten.
Snio antwortete: „Die Bienen in Dänemark sind alle betäubt."
„Der Hund ist tot!"
„Das hast Du gesagt, nicht ich," sprach Snio und so wurde er König von Dänemark – ein hinterhältiger und sehr strenger Richter, und bösartig dazu, der sich viele Dinge auf unlautere Weise erwarb und alle sehr unterdrückte.

Ein Mann, den der König unterdrückte, wurde Roth („der Rote") genannt. Roth wehrte sich gegen ihn. Aus purer Bosheit sandte der König ihn zu Lee dem Riesen, damit er diesen frug, welchen Tod Snio sterben werde. Snio (wußte, daß Lee den Roth zu einem Rätselkampf herausfordern würde und) *hoffte, daß Lee den Roth* (der den Wettstreit, wie Snio glaubte, verlieren würde,) *töten würde.*
So brachte Roth Lee dem Riesen die Grüße des Königs (und frug ihn nach der Art des Todes, die Snio sterben würde). *Lee weigerte sich jedoch, Roth die Antwort zu geben, bevor Roth ihm nicht drei wahre Dinge sagen würde.*
Roth sagte ihm, daß er niemals dickere Wände als an Lees Haus gesehen habe; zweitens, daß er noch nie einen Mann mit so vielen Köpfen gesehen habe; und drittens, daß er, wenn er jemals von hier fortkommen sollte, niemals den Wunsch haben würde, hierher zurückzukehren. Und so rettete er sein Leben.
Da sandte der Riese Lee dem König zwei Handschuhe. Und als König Snio eine Versammlung in Jütland leitete, zog er diese Handschuhe an – und wurde von Läusen zu Tode gefressen.

Diese in Schweden weit verbreitete Geschichte über den Hunde-König klingt zwar etwas seltsam, aber sie enthält doch einige interessante Hinweise auf den Charakter des Hler:

1. *Der Riese Lee befiehlt seinem Hirten Snio, König von Dänemark zu werden.* Der Meeres-Riese Hler scheint die Macht zu haben, einen neuen König einzusetzen. Diese Macht gehört zu dem Sonnengott-Göttervater, d.h. ursprünglich zu Tyr und zur Zeit der Edda zu Odin.

Es besteht somit der Verdacht, daß Hler der Sonnengott-Göttervater in der Unterwelt ist oder einen Teil von dessen Mythen und Funktionen übernommen hat, weil der Sonnengott-Göttervater nachts in der Wasserunterwelt weilt.

2. *Snio sendet Roth zu Lee, damit dieser Snios Todesart erfragt und bei dem dafür erforderlichen Rätselkampf stirbt.* Es sieht so aus, als ob Hler auch die Art des Todes eines Königs und somit wohl auch den Zeitpunkt seines Todes bestimmen würde. Diese Macht und Autorität hat in den germanischen Sagas ansonsten Tyr oder Odin – die beide in den Sagas viele Rätselkämpfe miteinander führen.

Dieses Motiv bestätigt somit den engen Zusammenhang zwischen Hler und Tyr bzw. Odin.

3. *Roth muß in dem Rätselkampf drei wahre Dinge sagen.* Dieses Motiv ist sowohl von den Germanen als auch von den Kelten bekannt (siehe „drei wahre Worte" in Band 64) und ist stets eine Art Lösungswort, das etwas Erwünschtes ermöglicht.

4. *Lees Haus hat die dicksten Wände.* Dieses Motiv könnte die unterschiedlichsten Bedeutungen haben. Die Zugehörigkeit des Hler zu der Wasserunterwelt bzw. zu der Insel im Wasser-Jenseits läßt jedoch vermuten, daß die dicken Mauern der Halle des Hler die Mauer zwischen Diesseits und Jenseits ist.

5. *Lee hat viele Köpfe.* Riesen mit mehreren Köpfen sind selbst unter den Ungeheuern der Germanen sehr selten. Der bekannteste von ihnen ist Trivaldi, der der der Skaldskaparmal zufolge von Thor erschlagen worden ist: „Gut hast Du, / Zerschlager der neun Köpfe des Thrivaldi, / Deine Ziegen gehütet."

Die Neunzahl der Köpfe des Trivaldi zeigt, daß es sich um einen Riesen handeln muß, der besonders deutlich mit dem Jenseits verbunden ist. Sein Name bedeutet „der Dreifach-Herrschende" und erinnert an die drei Götter Har („Hoch"), Jafn-Har („Ebenso-hoch") und Tridi („Dritter") in „Gylfis Vision".

dreifache Göttin Goldhörner von Gallehus

Auf dem kleineren der beiden Goldhörner von Gallehus

ist eine dreiköpfige Göttin im Jenseits mit einer Ziege zu sehen – die Ziege war wie die Ziegenböcke des Thor, die in den eben zitierten Versen erwähnt werden, das „Opfertier der kleinen Leute" und hat dieselbe Bedeutung wie der Eber Sährimnir des Odin und das Schwein in der Vision des keltischen Königs Cormac.

Der Name „Dreifach-Herrschender" steht letztlich nur dem Göttervater selber zu – die drei Bereiche, über die er herrscht, werden wohl das Asgard der Götter, das Midgard der Menschen im Diesseits und die Unterwelt Hel der Toten sein. Auch die Vielköpfigkeit des Hler und des Trivaldi spricht dafür, daß die Mythen des Hler und die des Göttervaters Tyr-Odin eine sehr große gemeinsame Schnittmenge haben.

6. *Lee sendet Snio zwei Handschuhe, in denen Läuse sind, die Snio auffressen.* Hler ist offensichtlich auch der Gott, der die Herrschaftszeit der Könige wieder beendet. Auch dieses Motiv ist von Odin gut bekannt.

Das Motiv der Läuse-Handschuhe ist jedoch recht unklar. Da die gesamte Geschichte offenbar eine ehemalige Mythe ist, die zu einem Schwank umgeschrieben worden ist, könnten auch die Läuse ursprünglich einmal etwas anderes gewesen sein.

Der Handschuh bringt den Tod – dies könnte eine Umdeutung des Handschuhs sein, der z.B. in der Thorstein-Saga die Jenseitsreise ermöglicht, was wiederum eine Umdeutung des Handschuhs der Priester und Priesterinnen ist, zu deren Beruf die Jenseitsreise als wesentliches Element gehörte.

Vor diesem Hintergrund könnten die todbringenden „Läuse" auch die Maden und Würmer im Grab sein, die die Leiche fressen.

Da Lee der ehemalige Sonnengott-Göttervater und Sommergott Tyr ist, könnte Snio auf den Wintergott Loki zurückgehen, da diese beiden Götter einen endlosen, zyklischen Kampf miteinander geführt haben, der die Jahreszeiten enstehen ließ.

I 7. Die Handschuhe der Edlen

I 7. a) Die Saga über Olaf Tryggvason

In dieser Saga benutzt König Olaf seine Handschuhe wie in späterer Zeit bei den Herausforderungen zum Duell: Er schlägt seine Gegnerin mit seinen Handschuhen ins Gesicht. Dies muß zumindestens eine Beleidigung gewesen sein – vielleicht auch mehr.

Früh im Frühling (des Jahres 988 n.Chr.) *zog König Olaf ostwärts nach Konungahella, um dort Königin Sigrid zu treffen. Und als sie sich getroffen hatten, besprachen sie die Angelegenheit, wegen der sie sich schon im vergangenen Winter zusammengesetzt hatten, d.h. sie berieten wegen ihrer Heirat – und es sah so aus, als die Angelegenheit bereits beschlossene Sache sei.*

Als Olaf jedoch darauf beharrte, daß Sigrid sich taufen ließ, antwortete sie solcherart: „Ich werde nicht von dem Glauben weichen, den ich bisher gehabt habe und auch meine Vorväter vor mir; und ich meinerseits werde keine Einwände dagegen erheben, daß auch Ihr an den Gott glaubt, der auch am meisten zusagt."

König Olaf geriet in Wut und antwortete aufgebracht: „Warum sollte ich mich darum scheren, Euch zu haben, eine alte, verwelkte Frau und eine Heiden-Mähre?"

Mit diese Worten schlug er sie mit seinen Handschuhen, die er in seinen Händen hielt, ins Gesicht, erhob sich und ging fort.

Sigrid sprach: „Dies könnte eines Tages Dein Tod sein."

Diese völlig fehlgeschlagene Brautwerbung wird noch ein zweites mal etwas ausführlicher geschildert:

Sigrid die Stolze war noch immer eine Heidin und ihr gefiel es nicht, daß König Olaf bei christlichen Symbolen schwor. Daher blickte sie ihn rasch voller Mißtrauen und Ablehnung an.

„Solche Eide gefallen mir nicht, König Olaf," sagte sie, „Es wird erzählt, daß Odin einst auf einen Ring schwor. Wirst Du auf diesen Ring schwören, daß Du treu sein wirst?"

Und sie erhob sich und nahm den Ring, den er als Geschenk gesandt hatte und den zuvor ihre beiden Schmiede repariert hatten.

„Oh, sprich nicht über Odin zu mir!" rief der König aus, „Er ist tot wie die Steine auf der Straße. Ich werde bei keinem anderem Symbol als dem Kreuz schwören! Es tut mir leid zu hören, daß Du, Königin Sigrid, noch immer an die alten, toten Götter glaubst! Da dies so ist, hat es wenig Sinn, wenn ich noch länger an diesem Ort bleibe, denn ich habe beschlossen, daß die Frau, die ich heirate, eine wahre Christin sein muß und nicht eine Verehrerin dieser sinnlosen Götzenbilder, die aus Holz und Stein geschlagen worden sind! Verlaß diese Dinge, nimm das Christentum an und glaube an den einen wahren Gott, der alle Dinge erschaffen hat und der alle Dinge weiß – dann werde ich Dich heiraten, aber niemals sonst, o Königin!"

Königin Sigrid war erstaunt, daß es irgendein Mann wagte, in dieser Weise zu ihr zu sprechen und blickte König Olaf wütend an.

„Niemals werde ich von dem Glauben abweichen, den ich stets gehabt habe," rief sie aus, „und wenn Du zweimal so viele Schätze hättest wie Du hast, und wenn Du noch ruhmreicher wärest als Du bist, würde ich niemals eine solche Aufforderung folgen! Nein, nein, König Olaf, ich bleibe meinem Glauben und meinen Eiden treu –

und ich komme gut ohne Dich und Deinen neuen Glauben aus. Geh' zurück zu Deinen kahlköpfigen Priestern und Deinem Messe-Singen! Ich will nichts davon haben!"

Da erhob sich der König voller Wut und sein Gesicht war dunkelrot angelaufen. Für den Augenblick vergaß er seine Männlichkeit und schlug sie in seiner Wut mit seinem Handschuh auf ihre Wange.

"Warum sollte ich Dich heiraten wollen?!" schrie er, "Du verwelkte alte heidnische Mähre!"

Mir diesen schmähenden Worten auf seinen Lippen wandte er sich ab und schritt aus dem Raum.

Doch während noch die hölzerne Treppe unter seinen Schritten quietschte, rief Königin Sigrid ihm voller erbitterter Wut hinterher: "Dann geh', Du stolzer und sturer König! Geh, wohin Du willst! Aber erinnere Dich, daß die Beleidigung, die Du mir gegenüber ausgesprochen hast, und der Schlag, den Du mir versetzt hast, einst Dein Tod sein soll!"

Der Ausdruck „Heiden-Mähre", also „Stute der Heiden" bezieht sich wahrscheinlich auf die Vorstellung, daß die (männlichen) Toten bei der Wiederzeugung die Gestalt eines Hengstes und die Jenseitsgöttin die Gestalt einer Stute annahmen.

I 7. b) Nialssaga

Die Handschuh in dem folgenden Text scheinen nur ein Teil der prachtvollen Kleidung zu sein. Es ist allerdings denkbar, daß der König seine Handschuhe von den Priestern übernommen hat und daß es daher damals noch den Rest einer Assoziation von „Heiligkeit" zu den Handschuhen gegeben hat.

Der König aber schenkte ihm ein Prachtgewand, ein Paar goldumsäumte Handschuhe, ein Stirnband mit goldenem Aufsatz und einen russischen Hut.

I 7. c) Faröische Heldenlieder – Brünhild-Lied

In dem folgenden Lied gehört der Handschuh lediglich zur Kleidung edler Leute.

Der Renner ward herausgeführt unter die Hallenmauer:
Mit Scharlach war er geschmückt nieder zum Barte der Hufe.
Goldgeschmückte Handschuh zog er sich an die Hand:
So reitet Sjurdur die grade Straße fort.

I 8. Die Handschuh-Mutprobe

I 8. a) Völsungen-Saga

Als Sinfiötli aufwuchs, wurde er sowohl groß als auch stark und schön von Angesicht und er glich sehr der Sippe der Völsungen. Er war kaum zehn Winter alt, als sie ihn zu Sigmunds Erdhaus sandte. Sie hatte aber mit ihren anderen Söhnen, die sie zu Sigmund gesandt hatte, diese Probe gemacht: Sie hatte ihnen durch Haut und Fleisch Handschuhe auf ihre Hände genäht und sie hatten es nicht ertragen können und dabei laut geschrien. Dasselbe tat sie nun auch mit Sinfiötli und er verzog keine Miene dabei.

Dann riß sie ihm den Kittel so heftig ab, daß die Haut an den Ärmeln mit abriß, und sagte, daß dies Folter genug für ihn wäre.

Er aber sprach: „Nur wenig würde Völsung von solch einem kleinen Schmerz gespürt haben."

Möglicherweise ist der Ursprung dieses Motivs die rituelle Verwandlung in einen Wolfs-Ekstasekrieger („Ulfhedin").

Die Handschuhe scheinen zu der regulären Ausstattung der Schamanen, Priester und Seher sowie der Schamaninnen, Priesterinnen und Seherinnen gehören zu haben. Daher wurde mit dem Handschuh die Jenseitsreise assoziiert, was dann zu der Auffassung des Handschuhs als eines Zauber-Utensils, das die Jenseitsreise ermöglicht, geführt hat.

Es hat den Anschein, als ob der Priester im Ritual das Met-Horn nur mit Handschuhen anfassen durfte.

Die Symbolik des Zauberstabes, den die Seherin mit diesen Handschuhen hielt, wurde teilweise auch auf diese Handschuhe selber übertragen, sodaß das Schlagen mit einem Handschuh dieselbe Wirkung wie das Schlagen mit einem Zauberstab haben konnte. Später wurde das Schlagen mit einem Handschuh zu einer Beleidigung und schließlich zu der Herausforderung zu einem Duell.

Aus dem Stab und den Handschuhen, die Thor beide von der Riesin (Seherin) Grid erhielt, wurden sein Hammer und seine Eisenhandschuhe. Mit seinem Hammer konnte Thor wie mit einem Stab weihen und verwandeln.

Der Handschuh des Tyr-Riesen Skrymir scheint keine Verbindung zu den Handschuhen der Priester und Priesterinnen zu haben.

II Sonstige rituelle Handschuhe

Es gibt außerhalb der germanischen Überlieferung keine Hinweise darauf, daß Handschuhe zum Priester-Ornat gehört haben. Vielleicht ist dies eine Sonderentwicklung, die durch das zum Teil sehr kalte Klima im hohen Norden entstanden ist …

Es hat eine zeitlang auch im Christentum die Regel gegeben, daß Priester während der Messe Handschuhe tragen mußten, um den Kelch nicht mit ihren „unreinen, irdischen Händen" zu berühren – aber das ist nie allgemeiner Brauch geworden.

F   Der Stab

Der (Zauber-)Stab wird in Band 67 ausführlich betrachtet. Das Folgende ist die Zusammenfassung des betreffenden Kapitels.

> Der Stab ist das Symbol für die Fähigkeit (den Weltenbaum hinauf) in das Jenseits zu den Ahnen und zu den Göttern zu reisen. Er ist daher im Besitz von Sehern, Seherinnen, Priestern und Walküren sowie der Götter, die ebenfalls regelmäßig Jenseitsreisen unternehmen, also von Odin und Thor.
>
> Dieser Stab ermöglicht es, den Kontakt zu dem Göttervater Tyr (Adler des Thiazi) herzustellen und auch, Tote aus den Hügelgräbern hervorzurufen.
>
> Diese Stäbe waren meistens aus Holz gefertigt, aber manchmal auch aus Eisen. Sie waren manchmal mit Bronze oder Messing verziert und waren an ihrem oberen Ende mit Edelsteinen, einem Ring oder mit kleinen Miniaturen von Häusern und evtl. auch anderen Motiven geschmückt.
>
> Aus diesem Stab, der die Reise in das Jenseits ermöglichte, die oft als Flug erlebt wurde (Astralreise), wurde später dann der Ritt bzw. Flug der Hexen auf dem Besen.
>
> Der Zauberstab entwickelte sich schon bei den Germanen zum Szepter weiter, das die Verbindung der Könige zu den Göttern, insbesondere zu dem Göttervater, darstellte.
>
> Der Stab, der ursprünglich ein Symbol für die Fähigkeiten der Seher und Seherinnen gewesen ist, wurde schließlich als Werkzeug und Quelle der magischen Macht der Seher und Seherinnen angesehen.
>
> Der Stab wurde von den Priestern und Priesterinnen, die ursprünglich mit den späteren Sehern und Seherinnen identisch gewesen sind, bei ihren rituellen Gesängen benutzt.

Die frühesten Stäbe, die den Charakter eines Weltenbaum-Symboles und daher auch eines „Zauberstabes" haben, sind die Priesterstäbe in Ägypten und in Elam, das im Südosten von Sumer lag.

Aus der frühen Jungsteinzeit, also vor allem aus Göbekli Tepe (10.500-9.000 v.Chr.) und aus Çatal Höyük (7.000 v.Chr.) sind noch keine derartigen Stäbe bekannt. Ob die Stäbe in den Händen von zwei Tänzern, die in Çatal Höyük abgebildet worden sind, „Weltenbaum-Stäbe" sind, ist unsicher.

G Das Brisingamen

I Das Brisingamen in der germanischen Überlieferung

Das Brisingamen ist der goldene Halsreif der Göttin Freya, der in seiner Symbolik mit Fullas goldenem Haarreif und Odins Ring Draupnir übereinstimmt: sie sind alle Symbole der Jenseitsreise, der Sonne und der Wiedergeburt.

Dieses Schmuckstück wurde von vier Zwergen angefertigt, mit denen Freya als Belohnung jeweils eine Nacht verbrachte. Da die Zwerge Totengeister sind, ist diese Vereinigung recht sicher ursprünglich die Wiederzeugung der Toten im Jenseits gewesen.

Der Streit zwischen Odin und Freya, zwischen Loki und Freya und schließlich zwischen Heimdall und Loki um dieses Schmuckstück zeigt, daß es eine wichtige Funktion gehabt hat. Vermutlich ist es an die Stelle der Wiederzeugung selber getreten und ist dadurch das Streitobjekt zwischen dem Sommergott (Tyr, Odin, Heimdall) und dem Wintergott (Loki) geworden – sein Besitz gab anscheinend das Recht der Vereinigung mit der Göttin Freya, die den jeweiligen Gott dann anschließen an diese Wiederzeugung wiedergebar, sodaß er die Herrschaft im Diesseits übernehmen konnte. Dieser Zyklus von Tod, Wiederzeugung und Wiedergeburt hat in den alten Mythen die Jahreszeiten verursacht.

Diese mit dem Brisingamen verbundenen Mythen werden ausführlich in dem Band 22 über „Freya und Menglöd" beschrieben.

I 1. Der Name „Brisingamen"

Ein „men" ist eine Halskette oder ein Halsreif, also ein Halsschmuck. Der germanische Vorläufer dieses Substantivs ist „manjam" für „Halsschmuck". Die indogermanische Wurzel dieses Wortes ist „mono" für „Nacken, Hals, Schmuck", das wiederum eine Bildung zu dem Verb „men" für „aufragen" ist. Der Hals ist also als „das Aufragende" benannt worden.

Das Substantiv „brising" bedeutet vermutlich „Feuer, leuchten". Es ist wahrscheinlich eine Bildung zu dem altnordischen Verb „brja" für „glänzen, funkeln", das über das germanische „brehon" für „aufleuchten, glänzen" (siehe deutsch „brennen") auf das indogermanische „bherek" für „glänzen" zurückgeht.

Die beiden Worte beschreiben den Halsschmuck der Freya somit als „leuchtenden Halsschmuck", d.h. vermutlich als glänzenden, goldenen Halsreif.

Es gab auch den Begriff „gull-men" für „goldene Halskette" bzw. „goldenen Halsreif". Dieser Begriff wurde jedoch nicht für Freyas Halsschmuck verwendet.

I 2. Das Brisingamen

I 2. a) Beowulf

In diesem ältesten erhaltenen Vers-Epos der Germanen wird das Brisingamen als „Brósinga mene" erwähnt:

Denn ich hörte nie / unterm Himmelsdache
Von bess'rem Geschmeid', / seit der Brisinge Kleinod
Zur Hochburg der glänzenden / Hama brachte
In wertvollem Schrein. / Er wählte, fliehend
Von Eormenrics Hasse, / das ewige Heil.

> <u>Brisinge Kleinod:</u>   In diesen Versen scheint es so, als ob „Brisinge" der Name einer Sippe oder eines Stammes sei.
> <u>Hama (Heime, Heimir):</u>   „Heim-Heer" = „Heimatverteidiger"; Vermutlich geht dieser Held auf den Gott Heimdall zurück, der sich mit Loki um Freyas Brisingamen gestritten hat.

Jenen Halsschmuck trug / der Herrscher der Gauten,
Der edle Hygelac, / der Enkel Swertings,
Zum letztenmal, / als im Lande der Friesen
Unterm fliegenden Banner / der Fürst seine Beute
Trotzig verteidigte.

> <u>Sverting:</u>   „Mann aus der Sippe der Schwarz-Leute"; der Vater des Hredel und der Großvater des Beowulf; Svert könnte identisch mit dem Namen des Tyr-Riesen „Surt" sein.

*   / Tot sank er hin,*
Durch den Untergang / seinen Übermut büßend.
Übers Meer nahm mit / der mächtige König
Die Demantsteine – / nun deckte der Schild

Den Helden Leib. / In die Hände der Franken
Fiel die Hülle der Brust / und der Halsschmuck gleichfalls,
Der Schatz des Gebieters.

<u>Demantsteine:</u> Diamanten = Brisingamen
<u>Halsschmuck:</u> Brisingamen

*   / Die schlechteren Krieger,*
Der Heerbann erlag / das Häuflein der Gauten,
Hatten lüstern nach Raub / die Leichen geplündert.
Wealhtheow sprach – / die Wehrmänner lauschten –:
'Den Ring benutz, / die Rüstung trage,
Mein trefflicher Beowulf, / teurer Jüngling,
Und den wertvollen Schmuck / in Wohlsein und Glück;
Bewahr' deine Kraft / und den Knaben hier werde
Ein liebreicher Lehrer – / ich lohn' es Dir gern.
Du erwarbst die Ehre, / daß weit und breit
Für alle Zeit / Dich achten die Männer,
Soweit die Wellen / windumtoste
Ufer belecken. / Solange Du atmest,
Begleite Dich Heil! / Ich gönne' Dir von Herzen
Das seltene Kleinod. / In Freude und Lust
halte es geziemend / in beständigem Entzücken.

In diesen Versen finden sich recht interessante Informationen zu dem Halsreif „Brisingamen":

Hama brachte „der Brisinge Kleinod" zu seiner Hochburg. Das Brisingamen war dann der Halsschmuck der Gotenkönige, bis die Franken einen der Gotenkönige getötet und ihm den Halsschmuck geraubt haben. Später erhielt dann Beowulf das Brisingamen geschenkt.

Es hat hier den Anschein, als ob das Brisingamen eine Art Königs-Abzeichen sei. Da Beowulf eine Saga-Version des jungen, wiedergeborenen Tyr und ansatzweise auch schon des Thor ist, der diese Rolle von Tyr übernommen hat, scheint das Brisingamen auch ein Abzeichen des ehemaligen Sonnengott-Göttervaters Tyr gewesen zu sein. Da die König sozusagen die Stellvertreter des Göttervaters auf Erden gewesen sind, ergibt sich daraus, daß die Könige das Symbol des Göttervaters als Zeichen ihrer Verbindung mit ihm tragen.

I 2. b) Beowulf-Epos

Die Friesen und die Dänen/Goten stritten sich um einen besonderen Halsring, der „breostweordunge" genannt wird, was „Brust – Wyrd – Gegenstand" bedeutet, also „Gegenstand der Wyrd, den man auf seiner Brust trägt".

Wyrd ist der Name der historisch gesehen ältesten der drei Nornen, die auch später noch alleine auftritt („Urd"). Wyrd/Urd ist das Schicksal, d.h. in der Regel der Tod, sowie die Jenseitsgöttin als Schicksalsverkünderin.

Dieser „breostweordunge" entspricht somit dem Brisingamen der Freya. Er ist mit dem Tod assoziiert worden – und daher vermutlich auch mit der Wiedergeburt, insbesondere mit der Wiedergeburt des ehemaligen Sonnengott-Göttervaters Tyr.

Und er fuhr auch nicht / zu den friesischen Königen
mit seiner Beute / und dem Wyrd-Brust-Schmuckstück zurück.

I 2. c) Das kleinere Goldhorn von Gallehus

Tag-Tyr und Nacht-Tyr

Auf dem kleineren der beiden Goldhörner von Gallehus ist links der Tages/Sommer-Tyr und rechts der Nacht/Winter-Tyr abgebildet.

Links trägt der Sonnengott-Göttervater eine Sonne auf dem Herzchakra (Brustmitte), auf seinem Schild und evtl. auch auf seinen Genitalien. Rechts trägt er einen Kreis ohne Strahlen, also wohl die nächtliche „Schwarzsonne" auf seiner Brust und auf seinen Genitalien. Evtl. ist die rechte Gestalt auch der Mondgott.

Tyr trägt auf beiden Darstellungen einen Halsreif. Da die beiden Goldhörner von Gallehus um 400 n.Chr. hergestellt worden sind, also zu der Zeit, als Tyr noch der Göttervater der Nordgermanen gewesen ist, ist es recht sicher, daß die beiden Gestalten Tyr darstellen – zumal Sonnen-Schwert und Sonnen-Schild die Waffen des Tyr gewesen sind.

Diese beiden sind die einzigen Gestalten, die auf den beiden Goldhörnern Halsreifen tragen. Hier ist daher mit großer Sicherheit zweimal das Brisingamen dargestellt worden.

I 2. d) Altenglisches Runenlied

Sigel (Sonne) *ist stets / die Hoffnung des Seemanns,*
wenn sie das Meeres-Roß / über das Bad der Fische reiten,
bis das Pferd der Tiefe sie wieder / an Land zurückbringt.

Meeres-Roß = Schiff
Bad der Fische = Meer
Pferd der Tiefe = Schiff

„Sigel" bedeutet im Alt-Angelsächsischen „Segel, Sonne, Halsband, Halsreif, Fibel, Brosche, Edelstein". Hier wird der (goldene) Halsreif noch deutlich mit der Sonne assoziiert – so wie auch Freyas Brisingamen und Tyrs Halsreif ein Symbol der Sonne sind.

Siehe auch den Band 72 über die Runen.

I 3. Freyas Brisingamen

I 3. a) Freya-Amulett

sibernes Freya-Amulett

In Hagebyhöga in dem Bezirk Aska in Östergötland in Schweden ist ein 3,8cm hohes silbernes Amulett gefunden worden, das eine Frau, d.h. wahrscheinlich eine Göttin darstellt und um ca. 850 n.Chr. hergestellt worden ist.

Es sind mehrere Details erkennbar:
- das kunstvoll gelegte oder mit einem Tuch bedeckt Haar;
- Mund und Ohren;
- eine Kette um den Hals;
- ein Halstuch (?), das den Ausschnitt bedeckt;
- eine breite (abgescheuerte) Auswölbung auf dem Oberkörper scheint einen Schwangerschafts-Bauch zu markieren;
- die Arme sind unter dem Bauch verschränkt;

- ein Gewand, das den Leib bedeckt;
- das Gewand ist am unteren Ende vorgewölbt;
- die Füße stehen auf dem äußeren Ring;
- die Beine sind gespreizt, was eine Geburt andeuten könnte – in diesem Fall würden die Arme vermutlich die Preßwehen unterstützen;
- der Außenring ist wie auch viele keltische Torques oben dünn und unten dick;
- der Ring ist in ca. 28 sichtbare Segmente unterteilt (Mond-Zyklus?);
- der Kopf der Frau ragt über den Ring hinaus, wodurch der Ring den Schoß der Frau in seinem Zentrum betont und die Frau sozusagen dem Ring „überordnet" statt sie dem Ring „einordnet" – die Frau besitzt diesen Ring.

Es ist also wahrscheinlich eine Gebärende zu sehen, die eine Halskette trägt und in der Mitte eines Ringes abgebildet ist, wobei ihr Kopf über diesen Ring hinausragt, dessen Zentrum ungefähr ihr Schoß sein müßte. Möglicherweise sind dieser Ring und die Halskette der Frau derselbe Gegenstand, der zweimal dargestellt worden ist. Als Symbol für die Reise der Toten ins Jenseits könnte dieser Ring, der symbolisch gesehen mit Odins Draupnir identisch ist, auch die Reise der Seele der Neugeborenen ins Diesseits darstellen.

Dieser Ring wäre dann bei diesem Amulett nicht das „Totentor", sondern das „Lebenstor". Das Tor mit dieser zweifachen Funktion entspricht den beiden Säulen mit dem sie oben verbindenden Dach in den Tempeln und hinter den Hochsitzen – sie wurden „öndvegis-sula", d.h. „Seelen-Weg" genannt, was genau der Deutung des Ringes um die Gebärende entspricht.

Auch in den Mythen des Tyr ist der Ring, d.h. die Sonne, sowohl das Symbol des Todes als auch das der Wiedergeburt.

Aus der Hervorhebung des Ringes bei diesem Amulett ergibt sich, daß die Gebärende recht sicher die Göttin Freya ist, die mit ihrer goldenen Halskette Brisingamen abgebildet worden ist, die zumindestens hier als ein Halsreif aufgefaßt worden ist.

I 3. b) Gylfis Vision

Freya besitzt den Halsschmuck, der Brisingamen genannt wird.

I 3. c) Skaldskaparmal

Wie soll man Freya umschreiben? Folgendermaßen: indem man sie Tochter des

Njörd nennt, Schwester des Freyr, Frau des Odr, Mutter der Hnoss ...

„Odr" ist identisch mit „Odin" – Freya als (ehemals) oberste Göttin ist auch die Frau des zur Zeit des Snorri Sturluson (1220 n.Chr.) obersten germanischen Gottes.

Der Name „Hnoss" bedeutet „Kleinod, Kostbarkeit" und ist eine Verkörperung von Freyas Halsreif Brisingamen, der ihr wichtigstes Symbol ist.

I 3. d) Skaldskaparmal

Dieser Halsschmuck muß von größerer Bedeutung gewesen sein, da man mit ihm eine Kenningar für „Freya" bilden konnte:

Wie soll man Freya umschreiben? Folgendermaßen: Indem man sie ... Besitzerin des Brisingamens ... nennt.

I 3. e) Ragnarsdrapa

Bragi der Alte Bodda-Sohn hat um ca. 860 n.Chr. eine Strophe verfaßt, die kunstvoll mit Kenningarn ausgeschmückt ist:

*Und die Wunsch-Ran
der viel zu trockenen Adern,
beabsichtigte, den Bogen-Sturm
ihres Vaters zu verursachen.
Da trug die Ring-schüttelnde Sif,
die Frau voller Bösem,
den Halsreif der Kriegs-Verheißung
zu den Kriegern der Rösser des guten Windes.*

Ran = Meeresgöttin; Wunsch-Göttin = Walküre; Drei Verse später wird gesagt, daß sie einen Vater hat – was Walküren nicht haben. Aus den bekannten Versionen der Mythe über Hedin und Högni ergibt sich, daß Freya gemeint sein muß, deren Vater Niörd ist.

Bogen-Sturm = Kampf

Ring = Draupnir (Jenseitsreise-Symbol) = Jenseitsreise; Sif = eine Göttin; Jenseitsreise-Göttin = Walküre (hier Freya)

Böses = Tod; Todes-Frau = Freya
Kriegs-Verheißung = Tod; Halsreif = Freyas Brisingamen = Odins Draupnir; Halsreif = Todes-Symbol
Wind-Roß = Schiff; Schiff-Krieger = Wikinger

Der Ring ist in diesem Lied bereits nicht mehr ein Hilfsmittel für die Jenseitsreise wie in den älteren Tyr-zentrierten Mythen, sondern wie der Frodi-Ring bereits ein Symbol für den Tod selber.

I 3. f) Hedin-Saga

In dieser Saga wird darüber berichtet, wie das Brisingamen entstanden ist und welche Geschichten mit ihm verbunden sind.

In der Saga wird entsprechend der damals üblichen christlich-gelehrten Interpretation die Welt der Götter als ein fernes Land und die Götter selber als Könige der Frühzeit aufgefaßt.

Östlich von Vanakvisl in Asien gab es ein Land, das Asien-Land oder Asien-Heim genannt wurde. Die Leute dort wurden Asen genannt und ihre Hauptstadt Asgard. Odin war der König, der dort herrschte. Dort gab es einen großen Tempel. Odin bestimmte Njörd und Freyr als Hohepriester. Njörds Tochter wurde Freya genannt. Sie begleitete Odin und war seine Geliebte.

In Asien lebten einige Männer, von denen einer Alfrigg, der nächste Dvalin, und die anderen Berling und Grer genannt wurden. Ihre Höfe lagen fern von der Halle des Königs. Sie waren so geschickte Handwerker, daß sie jedes Ding in die Hand nehmen und daraus etwas Beachtliches erschaffen konnten. Menschen wie diese wurden „Zwerge" genannt. Sie lebten in einem gewissen Stein. Sie hatten in jenen Tagen mehr mit Menschen zu tun als heute.

„fern" = Jenseits
Stein = aus Felsplatten errichtete Grabkammer eines Hügelgrab
Zwerg = Totengeist
Alfrigg = „All-König" – Dies ist offenbar ein Titel des Göttervaters selber; er weilt, da er ein Zwerg („Totengeist") ist, gerade in der Unterwelt.
Dvalin: „Schläfer" – Dies ist vermutlich eine Umschreibung für „Toter".
Berling: „Bären-Mann" – Der Bär könnte sich auf die Stärke des Göttervaters beziehen. Der neue Göttervater Odin und die Berserker („Bärenfell-Männer"), deren „Schutzpatron" Odin gewesen ist, waren „Bären-Männer".

Grer: „Speer" – Dies ist vermutlich der Speer Gungnir des neuen Göttervaters Odin.

vier Zwerge = Göttervater Tyr/Odin in der Unterwelt: Der „schlafende" (tote) „All-König", der die Kraft eines „Bären" hat und den „Speer" besitzt.

Odin liebte Freya sehr und sie war wirklich die schönste aller Frauen, die damals lebten. Sie hatte ein Frauenhaus, das sowohl schön als auch sehr fest war – so fest, daß gesagt wurde, daß niemand, wenn die Tür verschlossen war, hineingelangen konnte, außer wenn es Freya ihnen erlaubte.

Die Beschreibung von Freyas Frauenhaus legt die Vermutung nahe, daß es sich um ein Hügelgrab handeln könnte, denn welche Schwelle ist schwieriger zu überschreiten als die zwischen dem Diesseits und dem Jenseits? Freyas „Frauenhaus" entspräche dann der „Burg" der Freya-Menglöd, dem „verschlossenen Berg" der Gunnlöd und der „Höhle" der Hel – alle vier sind Gestalten der Jenseitsgöttin.

Eines Tages wanderte Freya umher und gelangte zu dem Felsen. Er stand offen. Die Zwerge erschufen eine goldene Halskette. Sie war fast fertig. Freya gefiel das Aussehen dieser Kette. Freya gefiel auch den Zwergen. Sie wollte die Halskette kaufen und bot Gold und Silber für sie an und dazu viele Schätze.

„Zwerg in einem Felsen" ist eine häufige Umschreibung für „Totengeist in seinem Hügelgrab". Ein Hügelgrab war in sofern ein „Felsen" als daß die Grabkammer in seinem Inneren aus Felsplatten errichtet wurde.

Das Herstellen der magischen Gegenstände der Götter und der Helden durch die Zwerge ist ein weitverbreitetes Motiv. Sein Ursprung ist das Neuschmieden des Schwertes des Tyr durch in selber in der Unterwelt, das sich noch in der Wieland-Sage erhalten hat. Später übernahmen dann die beiden Pferde-Söhne („Alcis") des Göttervaters Tyr, die in der Unterwelt zu zwei Zwergen wurden, das Neuschmieden dieses Schwertes. Diese Tätigkeit wurde dann zu der Herstellung aller magischen Gegenstände der Götter durch ein Zwergenpaar erweitert.

Möglicherweise sind die vier Zwerge in der Hedin-Sage nur eine Verdoppelung dieses Zwergenpaares – so wie sie auch als Himmelsträger zu vier Zwergen verdoppelt worden sind.

Doch sie antworteten, daß es ihnen nicht an Geld fehlte, aber das jeder von ihnen seinen Teil an der Kette für eine bestimmte Sache geben würde und daß sie nichts anderes haben wollten, als daß sie mit jedem von ihnen eine Nacht verbringen würde. Und, ob dies nun eine glückliche Vereinbarung war oder nicht, dies ist der Handel, den sie abschlossen.

Diese Szene ist eine Umdeutung der Wiederzeugung des Göttervaters mit der Jenseitsgöttin Freya.

In dieser Sage geht Freya zu den Zwergen in deren Höhle, d.h. in deren Hügelgrab. Diese Reise erinnert die Suche der Freya nach ihrem Mann, dem Göttervater Odr-Odin, der in ferne Lande (Jenseits) gezogen war. Anscheinend hat es einst das Motiv der Suche der Freya nach dem toten Göttervater gegeben. Das Eintreten in die Höhle der Zwerge wird daher ursprünglich das Wiederfinden des Göttervaters durch Freya gewesen sein.

Aus dieser Szenerie kann man schließen, daß die Toten einst nicht im Jenseits nach der Muttergöttin suchen mußten, sondern daß die Muttergöttin nach den Toten gesucht hat. Anscheinend hat aber das Vertrauen in das Jenseits und die Jenseitsgötter mit der Zeit nachgelassen, denn Odin gelangt z.B. in der „Gesta danorum" erst nach vielen Mühen und Verwandlungen zu der Wiederzeugung mit Rindr.

Und vier Nächte später, als dieser Handel ausgeführt worden war, gaben sie die Halskette der Freya. Sie ging heim in ihr Frauenhaus und verhielt sich ruhig, als wenn nichts geschehen wäre.

Die Halskette bzw. der Halsreif der Freya ist somit eng mit der Wiederzeugung des Sonnengott-Göttervaters verknüpft.

Damals lebte ein Mann, der Farbauti genannt wurde. Er war ein einfacher Bauer und hatte eine Frau, die Laufey genannt wurde. Sie war so rank und schlank, daß sie „Nadel" genannt wurde.

Sie hatten zusammen einen Sohn, der Loki genannt wurde. Er war nicht groß von Wuchs. Er bekam schon bald eine scharfe Zunge. Er war flink und konnte sich sehr schnell bewegen. Er übertraf andere Männer in der Weisheit, die Arglist genannt wird. Er war schon in jungen Jahren sehr geschickt und sie nannten ihn 'Loki Laeviss', d.h. 'Loki listig wie Gift'. Er brach nach Asgard auf und wurde einer von Odins Männern.

Odin sprach stets dem Rat des Loki gemäß, was immer er auch tat. Natürlich übergab Odin dem Loki alle schwierigen Aufgaben, aber Loki bewältige alle besser als erwartet. Er wußte über fast alles Bescheid, was vor sich ging, und erzählte Odin alles, was er wußte.

Es wird erzählt, daß Loki herausfand, was es mit Freya und ihrer Halskette auf sich hatte: wie sie an sie gelangt war und was sie dafür gezahlt hatte. Er erzählte es Odin. Und als Odin dies erfuhr, befahl er, daß Loki diese Kette erlangen und ihm bringen sollte. Loki sagte, daß dies wohl kaum möglich sein wird, da kein Mensch das Frauenhaus betreten könne, wenn Freya dies nicht wollte. Odin sagte, daß er gehen und nicht zurückkehren solle, bevor er die Kette erlangt habe. Loki schlich heulend davon. Die meisten Leuten grinsten, als Loki nicht weiterwußte.

Durch diese Szene wird die Deutung von Freyas Frauenhaus als Hügelgrab-Jenseits bestätigt, da Loki auch in der Thiazi-Mythe und in der Thrym-Mythe in das Jenseits reisen muß, um von ihnen einen Gegenstand, der den Göttern gehört, zurückzuholen.

Hier wird die alte Mythe des Kampfes zwischen dem Sommergott Tyr und dem Wintergott Loki sichtbar. Sowohl die Zwerge als auch Odin haben die Rolle des ehemaligen Sonnengott-Göttervaters Tyr übernommen.

Aus dem Kampf um die Herrschaft ist hier der Kampf um das Brisingamen geworden, der eigentlich ein Kampf um die Göttin Freya ist, die den jeweils toten Gott der beiden Götter Tyr und Loki im Jenseits wiedergebiert.

Dieser Kampf um die „schönste aller Frauen", d.h. um die Jenseitsgöttin als Wiederzeugungs-Geliebter, ist das Grundthema der Nationalepen aller indogermanischen Völker vom germanischen Nibelungenlied über den griechischen Kampf um Troja bis hin zum indischen Ramayana.

Loki ging zu Freyas Frauenzimmer und fand es verschlossen. Er versuchte hinein zu gelangen, aber es glückte ihm nicht. Es war eisig draußen und ihm begann sehr kalt zu werden. Da verwandelte er sich in eine Fliege. Er flog an allen Schlössern und Kanten entlang, aber konnte keine Lücke finden um hineinzugelangen außer einer kurz unter dem Giebel, und selbst die war nicht größer als das man eine Nadel hineinstecken konnte – aber er schaffte es sich hineinzubohren.

Die Verwandlung des Loki in eine Fliege in dieser Szene ist eine Variante der Verwandlung des Loki in einen Falken auf seinen anderen Jenseitsreisen.

Auch Odin mußte ein Loch bohren, um in das Hügelgrab der Gunnlöd zu gelangen und dort mit ihr zu schlafen und ihren Met zu trinken. Das Bohren eines schmalen Ganges war die übliche Methode der Wikinger, um ein Hügelgrab zu plündern …

Als er hineingelangt war, öffnete er seine Augen weit und frug sich, ob wohl jemand wach sei, aber er sah, daß alle in dem Frauenzimmer schliefen. Daher ging er weiter zu Freyas Bett und sah, daß sie ihre Kette um ihren Hals trug, aber auf dem Schloß der Kette lag. Da verwandelte er sich in einen Floh. Er setzte sich auf Freyas Wange und biß sie so, daß sie erwachte und sich umdrehte und dann weiterschlief. Dann legte Loki seine Floh-Gestalt ab, nahm ihr die Kette ab, entriegelte das Frauenzimmer und kehrte zu Odin zurück.

Am nächsten Morgen erwachte Freya und sah, daß die Tür offenstand, aber nicht aufgebrochen worden war, und daß ihre Halskette fort war. Sie glaubte, daß sie wußte, welche List dahinterstand und ging, sobald sie angekleidet war, in die Halle um König Odin zu sehen und ihm zu sagen, daß es Unrecht von ihm sei, ihr ihre kostbare Halskette zu stehlen, und um ihn aufzufordern, ihr ihre Halskette zurückzugeben.

Odin sagte, daß sie ihre Kette angesichts der Weise, in der sie sie erlangt habe, niemals zurückerhalten solle, „es sei denn, daß es Dir gelingt, daß zwei Könige, denen jeweils zwanzig Könige dienen, in Streit miteinander geraten und miteinander kämpfen und dabei unter solchen Zauberbannen und Flüchen stehen, daß sie jedesmal, wenn sie fallen, wieder zum Leben erwachen und weiterkämpfen, bis ein christlicher Mann so kühn und mit solch großem Glück seines Gottes gesegnet sein sollte, daß er es wagt, in diese Schlacht zu treten und diese Männer mit Waffen niederzuschlagen. Nur dann soll ihr Schicksal beendet sein – dank welches Fürsten auch immer, dem es zufallen wird, sie auf diese Weise von ihrem Bann und ihrem elenden Ringen zu befreien."

Dem stimmte Freya zu und erhielt ihre Kette zurück.

Diese Bedingungen passen zwar zu einem Kriegsgott wie Odin, aber sie sind dennoch recht merkwürdig. Wenn man jedoch bedenkt, daß es die Mythe über den zyklischen Streit zwischen dem Sommergott Tyr und dem Wintergott (Loki) gegeben hat, dann wird die unmöglich scheinende Aufgabe, die Odin der Freya stellt, als eine Umformung dieser Jahreszeiten-Mythen in eine Sage deutlich. Aus dem endlosen zyklischen Kampf ist hier ein einziger, endloser Kampf geworden.

Freyas Brisingamen könnte daher auch mit der Entstehung der Jahreszeiten assoziiert worden sein.

Der erlösende „christliche König" ist offenkundig eine sehr späte Zutat zu dieser Saga.

In der Saga wird nun über Hedin (Tyr) und Högni (Loki) berichtet sowie darüber, auf welche Weise Freya wie eine Walküre zwischen ihnen den von Odin gewünschten Krieg arrangiert.

Dabei trifft Hedin schließlich auf Freya, die sich „*Gondul*" nennt, was im Darradar-Lied der Name einer Walküre ist und „Zauberstab" („Gandr-wal") bedeutet.

„*Serkland*" ist das islamische Abbasiden-Reich rings um das Mittelmeer.

Hedin verbrachte den Winter zuhause in Serkland. Es wird erzählt, daß Hedin einmal mit seinem Gefolge zur Jagd ausritt. Er fand sich alleine auf einer Lichtung wieder. Er sah eine Frau auf einem Sitz in der Lichtung, die hoch und schön anzusehen war.

Er frug nach ihrem Namen und sie nannte sich Gondul. Danach sprachen sie zusammen. Sie frug nach seinen Heldentaten und er war glücklich, ihr alles zu erzählen. Er frug sie, ob er von irgendeinem König wüßte, der so kühn und tüchtig wie er wäre oder so berühmt und erfolgreich. Sie sagte, daß sie einen kennen würde, in jedem Teil ihm ebenbürtig und daß ihm zwanzig König dienen würden. „Keiner weniger als Dir." Und sie sagte, daß er Högni heiße und daß er in Dänemark im Norden leben würde.

„So viel weiß ich," sprach Hedin, „daß wir versuchen müssen, wer von uns der Bessere ist."

„Es ist wahrscheinlich Zeit für Dich aufzubrechen und nach Deinen Männern zu schauen," sprach Gondul, „Sie werden schon nach Dir suchen."

Danach trennten sie sich. Er ging zu seinen Männern, sie aber blieb dort sitzen.

Sobald es Frühling war, machte sich Hedin bereit aufzubrechen. Er hatte ein Drachenschiff und auf ihm dreihundert Mann. Er segelte nach Norden durch die Welt. Er segelte Sommer und Winter. Im Frühling kam er nach Dänemark.

In Dänemark traf Hedin auf Högni und beide schießen und schwimmen um die Wette, aber beide sind in allem genau gleich stark. Schließlich werden sie Blutsbrüder.

Auch Odin und Loki sind Blutsbrüder, was mit recht großer Wahrscheinlichkeit darauf zurückgeht, daß Tyr und Loki bis zu der Absetzung des Tyr als Göttervater um 500 n.Chr. Brüder gewesen sind – Sommer und Winter sind in so gut wie den Mythen aller Völker Brüder.

Es wird gesagt, daß Högni nach einer Weile zu Raubüberfällen aufbrach, aber Hedin zurückblieb und über das Königreich wachte. Eines Tages ritt Hedin zu seinem Vergnügen in den Wald. Es war schönes Wetter. Wieder wurde er von seinen Männern getrennt.

Er kam zu einer Lichtung. Dort sah er dieselbe Frau wie vorher in Serkland auf einem Sitz und sie erschien ihm noch schöner als zuvor. Wieder ergriff sie als erste das Wort und sprach freundlich zu ihm. Sie hielt ihm ein Horn mit einem Deckel entgegen. Das Herz des Königs wurde von Sehnsucht nach ihr erfüllt. Sie lud ihn zu einem Trunk ein und der König war durstig, da ihm heiß geworden war und so nahm er das Horn und trank.

Aber nachdem er getrunken hatte, veränderte er sich auf seltsame Weise, denn er konnte sich an nichts mehr erinnern, was zuvor gewesen war. Er setzte sich nieder und sie sprachen zusammen. Sie frug ihn, ob er die Stärke und das Geschick bei Högni gefunden hatte, von der sie ihm berichtet hatte.

Der Vergessens-Trank ist ein Symbol für den Tod und ist in den Mythen der Indogermanen stets im Besitz einer Unterwelts-Gottheit. Dies bestätigt die Auffassung der Freya als Göttin der Toten.

Hedin sagte, daß dies wahr sei, „denn es gab keine einzige Fähigkeit, in der wir uns geprüft haben, in der er mir nachstand und so haben wir uns für gleichrangig erklärt."

"Aber ihr seid nicht gleich," sprach sie.

"Wie kommst Du darauf?" sagte er.

"Ich komme darauf," sagte sie, "weil Högni eine Königin von großer Herkunft hat und Du gar keine Frau hast."

Er antwortete: "Högni würde mir seine Tochter geben, wenn ich ihn darum bitten würde und dann stände ich ihm von meine Ehe her in nichts nach."

"Dein Ruhm wäre kleiner als seiner," sprach sie, "wenn Du Högni nur bitten würdest, Dich in seine Familie aufzunehmen. Es wäre besser – wenn es Dir, wie Du sagst, nicht an Mut und Stärke fehlt – Hild fortzuschleppen und die Königin in der folgenden Weise zu töten: indem Du sie ergreifst und vor den Bug Deines Drachenschiffes legst und sie in zwei Teile zerschneiden läßt, während Dein Schiff ins Meer geschoben wird."

Hedin war so in dem Bösem und in dem Vergessen aus dem Ale, den er getrunken hatte, gefangen, daß er keine andere Möglichkeit sah, und es kam ihm kein einziges mal in den Sinn, daß er und Högni Blutsbrüderschaft geschworen hatte.

Dann trennten sie sich und Hedin ging zu seinen Männern.

Dadurch, daß Hedin den Plan der Freya-Gondul ausführte, kam es zu der von Odin geforderten endlosen Schlacht zwischen den beiden Königen, die nach 143 Jahren durch König Olaf Tryggvason von Norwegen beendet wurde, als seine Männer unter dieser Schlacht litten.

I 3. g) Ragnarsdrapa

In der Ragnarsdrapa beschreibt Bragi der Alte noch ein zweites Mal einen Halsreif – diesmal in einer Strophe, in der er den eben geschilderten Kampf zwischen Tyr-Hedin und Loki-Högni beschreibt:

Der Fürst des Volkes, der Landes-Gott,
ließ den Wolf-beglückenden Kampf niemals enden
noch das Gemetzel auf dem Sand versiegen –
tödlicher Haß stieg in Högni auf,
als die ernsten Herren des Schwertklanges
mit harten Waffen nach Hedin suchten
statt die Halsringe
der Hildr zu erhalten.

Der *„Fürst des Volkes"*, der auch *„Gott des Landes"* genannt wird (was seine Verantwortung für das Gedeihen des Landes zeigt), ist Högni (Hagen = Loki).

Die *„ernsten Herren des Schwertklanges"* sind Högni und seine Krieger.

„Hild" ist eine Kurzform für die Göttin Huldar – dies ist wieder eine Heiti für „Göttin, Riesin, Frau", die sich auf Freya bezieht. *„Die Halsringe der Hild"* sind das Brisingamen der Freya. Högni will nicht die Halsring-Todesomen der Freya erhalten, sondern stattdessen Hedin (Tyr) töten.

I 3. h) Huldar-Saga

In dieser Saga wird der Raub des Brisingamen der Freya durch Loki bestätigt.

Skjalgr war hocherfreut über den Ring. Er sagte über ihn, daß ihn Nimrod von vier Zwergen habe schmieden lassen, daß ihn ferner Huld Trollfrau die Große dem Odin geschenkt habe, als er bei ihr lag und daß ihn dann Freyja aus Ärger hierüber durch Loki habe stehlen lassen.

„Huld Trollfrau die Große" ist mit Hel identisch, da die „Trolle" ursprünglich die Toten im Jenseits waren. Huld ist somit die „große Totenkönigin".

In der späten Variante der Mythe, die in der Huldar-Saga berichtet wird, beauftragt Freyr den Loki, den Ring dem Odin stehlen zu lassen – statt umgekehrt wie in der Hedin-Saga. Im Grunde sind beide Varianten gleichberechtigt, da offenbar ein zyklischer Wechsel des Besitzes des Halsreifs der Freya vorliegt, der mit dem Wechsel der Jahreszeiten gekoppelt gewesen ist.

An der Stelle des Brisingamen in der Hedin-Mythe erscheint in der Huldar-Saga Odins Ring Draupnir. Daraus ergibt sich wiederum, daß Odins Draupnir und Freyas Brisingamen dieselbe Funktion gehabt haben müssen.

Auch Odins Ring Draupnir wurde von ihm mit seinem toten Sohn Baldur in das Jenseits gesandt und dann von seinem Sohn Hermod von dort wieder zurückgeholt.

Der babylonische König Nimrod ist in dieser Sage vermutlich an die Stelle des Tyr getreten – beide sind ein König bzw. Götterkönig aus der Vorzeit.

I 3. i) Husdrapa

In diesem um ca. 985 verfaßten Lied des Skalden Ulf Uggason werden Heimdall („der Sohn von neun Müttern") und Loki im Streit um eine „Meeres-Niere" beschrieben. Sehr wahrscheinlich handelt es sich bei dieser „Meeres-Niere" um eine Kenning für Freyas „Brisingamen". Heimdall hat hier die Position des Sommergottes Tyr inne.

Der Sohn von acht-und-einer Mutter,
Mächtig in seinem Zorn,
besitzt die Meeres-Niere bevor Loki kommt:
Dies mache ich in Ruhmeslieder bekannt.

I 3. j) Skaldskaparmal

Snorri Sturluson berichtet in der Edda über einen Kampf zwischen Heimdall und Loki:

„Wie soll man Heimdall umschreiben?"
„Indem man ihn 'Sohn von neun Müttern' oder 'Wächter der Götter' nennt, wie bereits geschrieben wurde; oder 'Weißer Gott', 'Feind des Loki', 'Sucher von Freyas Kette'.
… … …
Heimdall ist der Besitzer des (Rosses) *Gulltop* („Goldmähne"). *Er wird auch 'Besucher von Vagasker* („Wogen-Schäre", d.h. eine bei Flut überspülte Insel) *und Sing-Stein' genannt, wo er mit Loki um die Kette Brisingamen kämpfte.*
… … …
Ulfr Uggason verfaßte in der Husdrapa ein langes Gedicht über diese Geschichte und dort wird geschrieben, daß sie die Gestalt von Robben hatten."

Aus Snorri Sturlusons Kommentar am Ende des zitierten Textes kann man schließen, daß das Lied über den Kampf zwischen Heimdall und Loki, von dem in der „Husdrapa" zwei Strophen bewahrt worden sind, noch sehr viel mehr Strophen hatte und Snorri sie gut kannte – aber leider nicht aufgeschrieben hat …

Der Umstand, daß Heimdall als „Feind des Loki" umschrieben werden konnte, zeigt, daß sie in der germanischen Mythologie einen fundamentalen Gegensatz gebildet haben müssen. Beide Götter töten sich beim Ragnarök gegenseitig.

Die Heimdall-Kenning „Sucher von Freyas Kette" weist daraufhin, daß der Freya ihre Kette Brisingamen abhanden gekommen ist und Heimdall sie gesucht und vermutlich auch (wieder-)gefunden hat. Dies entspricht dem von Odin beauftragten Raub des Brisingamen in der Hedin-Saga.

Da Loki der Hauptgegner des Heimdall zu sein scheint, ist es recht wahrscheinlich, daß Loki etwas mit dem Verlieren der Kette zu tun hat – in der Hedin-Saga stiehlt Loki der Freya ihren Halsreif.

Die „Meeres-Niere", die Heimdall auf der Schäre bei dem „Sing-Stein" als erster in der Hand hält, wird daher Freyas Kette Brisingamen sein.

Zu dieser Deutung würde passen, daß eine Schäre, d.h. eine flache, bei Flut überspülte Insel im Meer, ein Symbol für das Jenseits ist und daß in anderen germanischen Mythen des öfteren von den Göttern ein Gegenstand aus dem Jenseits, d.h. von den Riesen geholt wird.

Eine Insel ist auch im Wieland-Lied der Ort der Unterwelt, in der der Schmied Wieland (Tyr) von König Nidud (Loki) gefangengehalten wird.

Der Kampf zwischen Heimdall und Loki in der Gestalt von Robben auf der Schäre, auf der der „Sing-Stein" stand, wird daher ihr Streit um die Kette Brisingamen sein. Die Robbengestalt erinnert an die Verwandlung des Loki in einen Lachs, als er nach seinen Beleidigungen in Ägirs Saal vor den Asen floh. Da es das Motiv der Wasserunterwelt und auch der Jenseits-Insel im Meer gegeben hat, findet der Kampf der beiden „Robben-Götter" anscheinend im Jenseits statt.

I 3. k)   Lokasenna

In der folgenden Strophe hat Gefion die Symbolik der Freya übernommen, weshalb der „weiße Knabe" der „weiße Gott" Heimdall ist – der mythologische Hintergrund dieser Szene ist die Wiederzeugung des Tyr-Heimdall mit Freya. Da „Gefion" sehr wahrscheinlich ein Beiname der Freya ist, wird das „Kleinod" Freyas Brisingamen sein, das sie nach dem Kampf zwischen Heimdall und Loki von Heimdall zurückerhält.

Die Verse zeigen, daß zu dem Brisingamen auch hier eine Vereinigung mit Freya gehört – beide Male mit dem umgedeuteten ehemaligen Göttervater: in der Hedin-Saga mit den vier Zwergen, in der Lokasenna mit Heimdall.

Loki:
„Schweig Du, Gefion! sonst vergeß ich's nicht
Wie Dich zur Lust verlockte
Jener weiße Knabe, der Dir das Kleinod gab,
Als Du den Schenkel um ihn schlangst."

I 3. l) Thrym-Lied

Freyas Halsreif gehörte so fest zu der Göttin, daß er ab und zu auch zur lebhaften Gestaltung einer Szene verwendet worden ist:

Wild ward Freyja, sie fauchte vor Wut,
Die ganze Halle der Götter erbebte;
Der schimmernde Halsschmuck schoß ihr zur Erde:
„Mich mannstoll meinen möchtest Du wohl,
Reisten wir beide gen Riesenheim!"

I 3. m) Die jüngere Version der Huldar-Saga

In dieser Saga wird ein Fluch an den Besitz eines Halsbandes gebunden, um den sich zwei Parteien streiten.

Die zwei Parteien sind ursprünglich der Sommergott Tyr und der Wintergott Loki gewesen; der Fluch ist die Umdeutung des abwechselnden Todes der beiden Götter.

Als nun die beiden jungen Leute von Visbur die Brautgabe ihrer Mutter forderten und von ihm mit aller Härte abgewiesen wurden, legten sie, von Huld dazu ermächtigt, auf das Halsband den Fluch, daß es dem besten Manne aus Visburs Geschlecht den Tod bringen solle.

I 3. n) Mardöll in der germanischen Überlieferung

„Mardöll" oder „Mardalla" ist ein beliebter Beiname der Freya. Er setzt sich aus den beiden Substantiven „mar" für „Meer" und entweder „dell" für „Glanz" oder „dall" für „Tal" zusammen. Dieser Beiname könnte somit zwei Bedeutungen haben:

- „Meer-Glanz" = Gold (Anspielung auf Freyrs Brisingamen oder ihre goldenen Tränen)

- „Meer-Tal" = Wasser-Unterwelt

Die erste dieser beiden Möglichkeiten ist wahrscheinlicher, da sie einfacher ist und zudem eine häufige Anspielung in der Skalden-Dichtung ist.

Der Name „Mardalla" wurde an den folgenden Stellen verwendet:

Freya	*Mardalla*		anonym	Bjarkamal
Freya	*Mardalla*		anonym	Malshatta-Kvädi
Freya	*Mardallar*		anonym	Oxarflokkr
Freya	*Mardallar*		Olaf der Heilige Harald-Sohn	Lausavisur
Freya	*Mardöll*		Snorri Sturluson	Thulur
großzügiger Mann	*der den Regen der Lider der Mardöll auf die Arme seiner Untergebenen fallen läßt*	Mardöll = Freya; ihre Tränen waren aus Gold; Arm-Gold = Goldringe;	Snorri Sturluson	Hattatal

I 3. o) Ynglingatal

Der Skalde Thjodolfr von Hvini hat einen Galgenstrick mit „*goldenes Halsband*" umschrieben, was eine Anspielung auf Freyas Brisingamen ist, das ein Symbol für die Jenseitsreise und daher auch für die Wiedergeburt, aber ebenso auch für den Tod ist.

I 3. p) Die Saga über Halfdan Eysteinn-Sohn

In dieser Saga findet sich eine Halskette aus Steinen, die ihren Träger beschützt. Es ist denkbar, daß sie von Freyas Brisingamen inspiriert wurde – zumal der Held sie nach seiner Heilung von fast tödlichen Verwundungen von einer Frau erhielt.
Die vollständige Saga findet sich in Band 79.

Sie nahm eine Stein-Halskette, band sie um seinen Nacken und sagte ihm, daß er sie niemals dort fortnehmen solle.
... ...
Da stand Gullkula, die Tochter des Kol, vor ihm und schlug ihn mit einem scharfen Schwert auf den Nacken. Doch sie traf auf die Halskette der Frau und das Schwert zerbrach mit einem lauten Ton.
... ...

Ein Zahn des Riesen blieb an der Stein-Halskette des Halfdan hängen und zerbrach einen der Steine.

... ...

Floki schlug nach Halfdan, aber traf die Stein-Halskette und zerbrach sein Schwert an ihr, aber Halfdan wurde dort am Hals verwundet, wo der Stein zerbrochen war. Wenn die Halskette ihn nicht beschützt hätte, hätte er seinen Kopf verloren.

I 3. q)   Fibel von Strand

Diese um ca. 700 n.Chr. hergestellte Fibel trägt die Inschrift „*siklis nahli*". Das erste Wort bedeutet „*Fibel*", aber auch „*Halskette*". Das zweite Wort setzt sich aus „*nahli*" zusammen und bedeutet „*Tod-Schutz*", also „*Schutz vor dem Tod*". Zusammen bedeutet die Inschrift also „*Möge diese Fibel seinen Träger vor dem Tod schützen!*".

Der im Zusammmenhang mit der Betrachtung des Brisingamens interessante Punkt ist, daß das Wort „siklis" sowohl „Fibel" als auch „Halskette" bedeuten kann und daß Brisingamen eine Halskette oder ein Halsreif ist, der mit dem Tod und der Wiedergeburt verbunden war.

I 3. r)   Der Reisebericht des Ibn Fadlan

Dieser arabische Forscher unternahm um 922 n.Chr. eine Expedition an die untere Wolga und hat ausführlich über die Germanen berichtet, die er dort angetroffen hat.

Jede Frau trägt auf ihrer Brust eine kleine Scheibe, die an einer Schnur um ihren Hals hängt. Sie ist entweder aus Eisen, aus Silber, aus Kupfer oder aus Gold gefertigt – je nach dem Reichtum und sozialen Stand ihres Mannes. An jeder Scheibe befindet sich ein Ring, an dem ein Dolch befestigt ist, der ebenfalls auf ihrer Brust liegt.

Wann immer der Reichtum eines Mannes zehntausend Dirhams erreicht, läßt er ein Band für seine Frau anfertigen; wenn er zwanzigtausend Dirhams erreicht, läßt er ein zweites machen – für jede weiteren zehntausend gibt er seiner Frau ein weiteres Band. Manchmal trägt eine Frau viele Bänder um ihren Hals.

Den Schmuck, den sie am meisten schätzen, sind die dunkelgrünen Keramik-Perlen, die an Bord ihrer Schiffe haben und die für sie einen sehr hohen Wert haben: Sie kaufen sie das Stück für einen Dirham und fädeln sie zu Halsketten für ihre Frauen auf.

Möglicherweise handelt es sich bei den „Scheiben/Dolch-Halsketten" nicht um eine Halskette, sondern um die Beschreibung von Fibeln, die aus einem Ring („Scheibe") und einem Stab („Dolch") bestehen.

Es ist jedoch recht fraglich, ob man dieses Schmuckstück als den Vorläufer oder die Verallgemeinerung von Freyas Brisingamen ansehen kann.

I 3. s) Grimm: Deutsche Mythologie

Falls die magische Halskette aus der folgenden Saga ihren Ursprung in Freyas Brisingamen hat, müßte auch Freyas Halsreif magische Eigenschaften besessen haben und eng mit der Vogel-Verwandlung, also mit der Wiedergeburt als Seelenvogel verbunden gewesen sein – was vollkommen mit den Mythen und dem Wesen der Freya übereinstimmen würde.

Zumal wichtig, weil sie das genaue verhältnis dieser schwanfrauen zu den walküren deutlich erkennen läßt, ist eine darstellung:
In einem wilden wald sah ein jagender edelmann eine nakte jungfrau im fluß baden, schlich hinzu und nahm ihr die goldne kette an der hand weg; da konnte sie nicht entfliehen.
Mit dieser kette war besondere kraft verbunden: „dor ümme werden sülche frowen wünschelwybere genant". („Darum werden soche Frauen 'Wunsch-Weiber' genannt".)
Er heiratete sie und sie gebar auf einmal sieben kinder, alle hatten goldringe um die hälse, d. h. gleich ihrer mutter das vermögen schwangestalt anzunehmen. die schwankinder sind also wunschkinder.

Diese Schwanenfrau ist offenbar eine Walküre – und die Walküren sind die Vervielfältigung der Freya, die aufgrund der Vorstellungen über die Wiederzeugung und der Wiedergeburt als einzelne Göttin schließlich nicht mit allen Toten gleichzeitig nach deren Tod neun Monate lang schwanger sein kann …

I 3. t) Grimm: Deutsche Mythologie

Aber auch für Freyja besitzen wir ein wichtiges äußeres zeugnis. nach der edda war ihr ein kostbares halsband eigen, Brîsînga men (Brisingorum monile) genannt, sie heißt ›eigandi Brîsîngamens‹.
… … …

Thôrr, der zur wiedererlangung des hammers in Freyjas gewand gekleidet wird, unterläßt nicht, ihr berühmtes halsband anzulegen: ›hafi hann it mikla men Brîsîngar!‹

... ...

Das geschmeide hängt so genau mit der mythe von Freyja zusammen, daß seine erwähnung in der angelsächischen poesie mit sicherheit auf die verbreitung der sage selbst unter dem sächsischen volksstamm schließen läßt; und wenn die Gothen Fráujô göttlich verehrten, werden sie auch ein Breisiggê mani gekannt haben. vergleiche Iarðar men das rasenstück der altnordischen rechtsprache.

Man muß es bedeutend finden, daß an einer stelle des evangeliums, wo bloß das ἅγιον, sacrum genannt wird (Matthäus 7, 6), der altsächische dichter ein hêlag halsmeni setzt; ihn beschlich (wie schon ein andermal) der gedanke an das heidnische alterthum, hier des halsbandes. indessen nennt er bloß die schweine, nicht die hunde, und es ist möglich, daß er sich halsmeni als erweiterung zu merigrioton dachte.

Der Gold-Halsreif Brisingamen („Leuchtender Halsreif") der Freya ist in der Unterwelt von vier Zwergen hergestellt worden und mit der Wiederzeugung verbunden gewesen. Die Namen dieser vier Zwerge zeigen, daß sie eigentlich der ehemalige Sonnengott-Göttervater Tyr sind. Sie haben dessen Position als seine Handwerk-Helfer übernommen. Ursprünglich sind sie seine beiden Pferde-Söhne gewesen, die seinen Streitwagen zogen und zusammen mit ihm am Abend bzw. im Herbst starben und dann im Jenseits zu Zwergen wurden.

Schon der Name „Leuchtender Halsreif" im Sinne von „Licht-Kreis" zeigt, daß der goldene Halsreif der Freya ein Symbol der goldenen Sonne ist.

Das Finden des „Felsens der Zwerge" und das Betreten dieses Hügelgrabes, in dem die Zwerge „leben", entspricht dem Finden des Odr-Odin durch Freya auf ihrer Suche nach ihm „in den fernen Ländern", die das Jenseits symbolisieren.

Die Toten mußten ursprünglich nicht selber zu der Jenseitsgöttin gelangen, sondern Freya kam, um sie zu suchen.

Die Vereinigung der Freya mit den vier Zwergen wird in einer früheren Fassung dieser Mythe ihre Wiederzeugung mit dem Göttervater gewesen sein – der Vorläufer der Wiederzeugung des Odin mit Gunnlöd in deren Hügelgrab mit dem Namen „verschlossener Berg". Freyas Frauenhaus entspricht auch der Höhle der Hel.

Auch in dieser Mythe reist Loki im Auftrag der Götter in das Jenseits, das hier als das Frauenhaus der Freya erscheint, in das nur sehr schwer hineinzugelangen ist. Loki erhält diesmal allerdings nicht die sonst übliche Gestalt eines Falken, sondern nur die einer Fliege – was in dieser Mythe allerdings auch praktischer ist.

Freya besitzt in dieser Sage einen Vergessens-Trank. Dieser Trank ist ein Symbol des Todes und befindet sich daher im Besitz der Jenseits-Gottheiten.

Freya hat im Auftrag des Odin in dieser Sage auch die Stellung einer Walküre, die einen endlosen Kampf zwischen zwei Königen anzetteln muß, um ihren Halsreif, der ihr von Loki im Auftrag von Odin gestohlen worden ist, zurückzuerhalten. Diese Walküren-Funktion der Freya ist eine Umdeutung der früheren Mythe des endlosen zyklischen Kampfes zwischen dem Sommergott Tyr (Hedin) und dem Wintergott Loki (Högni/Hagen), durch den die Jahreszeiten entstanden sind.

Das Brisingamen findet sich auf den Goldhörnern von Gallehus auch am Hals des Tyr. Als Heimdall kämpft der Sommergott Tyr mit dem Wintergott Loki um diesen Halsreif – der Sieger kann sich mit Freya vereinen und wird dann von ihr wiedergeboren.

Als Zeichen des Sonnengott-Göttervaters ist das Brisingamen auch ein Symbol der nordgermanischen Könige gewesen, die die Stellvertreter des Tyr auf Erden gewesen sind.

Aus der ursprünglichen Symbolik „Sonne, Wiedergeburt" hat sich die allgemeine Bedeutung „Schutz" ergeben, aber auch die Assoziation „Todesfluch", da dieser goldene Halsreif eben mit dem Tod assoziiert gewesen ist. Dieser Fluch entspricht dem Fluch des Andwari und des Loki auf dem Ring Andvarinaut (Draupnir), der die Ursache für die gesamte Nibelungen-Saga gewesen ist.

Da Freya aufgrund der Wiedergeburts-Symbolik zu den Walküren vervielfältigt worden ist, tragen auch die Walküren manchmal den Halsreif Brisingamen. (Freya kann nicht mit allen Toten gleichzeitig zwischen deren Wiederzeugung und deren Wiedergeburt schwanger sein.)

II Das Brisingamen in der indogermanischen Überlieferung

Der goldene Halsreif ist auch von den Kelten als „Torque" gut bekannt.

Möglicherweise gab es auch bei den Römer eine Ring-Symbolik – aber das ist unsicher.

Das magische „Liebes-Halsband" der Aphrodite könnte dem Brisingamen der Freya entsprechen.

Der „besondere Ring" findet sich auch bei dem persisch-indischen Luftgott Vayu, der einige Aspekte des früheren Sonnengott-Göttervaters Dhyaus übernommen hat.

Auch die persische Göttin der Jenseitswasser Ardvi Sura Anahita trägt einen goldenen Halsreif oder eine golden Kette.

Der Urriese und erste König Yima erhält von dem obersten Gott Ahura Mazda einen goldenen Ring und einen mit Gold eingelegten Dolch als Königssymbol – diese werden dem goldenen Schwert und dem goldenen Halsreif des Tyr entsprechen.

III Das Brisingamen in der Jungsteinzeit

Aus Göbekli Tepe sind Ketten mit einem Symbol der Göttin als Anhänger bekannt.

Der Übergang zwischen dem Halsreif und dem Ring ist fließend. Möglicherweise reicht die Symbolik des goldenen „Sonnen-Kreises" bis in die mittlere Jungsteinzeit zurück.

Es ist zumindestens recht sicher, daß diese Symbolik auch schon von den ursprünglichen Indogermanen benutzt worden ist, da sie sich sowohl bei den West-Indogermanen (Germanen, Kelten, evtl. Römer) als auch bei den Ost-Indogermanen (Griechen, Perser, evtl. Inder) findet.

H Der Tempel-Ring

Die Symbolik des Ringes wird ausführlich in Band 57 betrachtet. Das Folgende ist die Zusammenfassung des betreffenden Kapitels.

Der Ring ist im Germanischen als der „Gebogene" benannt worden.

Die Sonnen-Symbolik des einstigen Sonnengott-Göttervaters Tyr findet sich von den skandinavischen Felsritzungen an, die um 1800 v.Chr. mit der Einwanderung der Germanen in Skandinavien beginnen, bis hin zu der Absetzung des Tyr durch Odin und Thor um ca. 500 n.Chr.

Auch der goldene Sonnen-Schild war eine der Assoziationen zu dem Hals- oder Armreif.

Die Hals- und Armringe der Germanen und auch der Torque der Kelten und Römer waren Symbole der Sonne und des mit ihr assoziierten Sonnengott-Göttervaters und somit auch Symbole der Wiedergeburt der Sonne und der Menschen.

Die frühesten bekannten Ringe der West-Indogermanen (Germanen, Kelten, Römer) wurden in der Zeit von ca. 880-500 v.Chr. aus Bronze hergestellt. Diese Wendel-Ringe wurden aus einem Metallstab mit quadratischem oder kreuzförmigem Querschnitt durch mehrfaches Drehen hergestellt. Diese Ringe wurden ständig und nicht nur bei besonderen Gelegenheiten getragen. Der Wendel-Ring wurde vielfach weiterentwickelt, aber auch die ursprüngliche Form blieb bis nach 400 n.Chr. erhalten.

Diese Wendelringe, aus denen bei den Kelten der Torque wurde, finden sich bei den Kelten schon in vorchristlicher Zeit als Halsschmuck der Götter (Holzstab-Götter, Kessel von Gundestrup) und wurden bei ihnen generell nur von Göttern und Herrschern getragen. Ab 360 n.Chr. gehörte der Wendelring auch zum Krönungsornat der römischen Kaiser.

Diese Verwendung des Wendelringes läßt vermuten, daß dieser Ring ein Symbol für die Götter oder die Göttlichkeit gewesen ist. Da er auch von Herrschern getragen wurde, kann man vermutlich davon ausgehen, daß er auch ein Symbol für die Jenseitsreise gewesen ist, durch die die Könige bei ihrer Krönung den Kontakt zu dem Göttervater erhielten, der sie daraufhin bei ihrer Herrschaft unterstützte. Dieser Göttervater war bei den Germanen Tyr, bei den Kelten Dagda/Nuada und bei den Römern Jupiter.

Vermutlich hat auch das gedrehte Ornament („Wendel") selber eine Symbolik gehabt, d.h. eine Eigenschaft der Götter beschrieben. Diese Bedeutung ist jedoch unklar.

Bei den Germanen wurden diese Ringe sowohl von Männern als auch von Frauen getragen.

Der Schmied des „besonderen Ringes" ist der ehemalige Sonnengott-Göttervater Tyr, der in der Unterwelt zu dem Schmied Wieland wird. Dieser Ring gibt die Macht zur Herrschaft. Wenn Tyr-Wieland ihn besitzt, ist es Sommer; wenn Loki-Nidud ihn besitzt, ist es Winter.

Dieser Ring wird auch von der Jenseitsgöttin Freya getragen, die die Wiederzeugungs-Geliebte und die Wiedergeburts-Mutter sowohl des Tyr als auch des Loki ist.

Der „Ring des Tyr" ist somit ein Jenseitsreise-, Wiederzeugungs- und Wiedergeburts-Ring.

Da sich die germanischen Könige als Nachkommen des Göttervaters Tyr (und später des Odin) angesehen haben und die Krönung im Wesentlichen eine Jenseitsreise zu dem Göttervater gewesen ist, konnten sie den „Ring des Tyr" als Symbol ihrer Verbindung zu Tyr und somit auch als Symbol ihrer Herrschaft tragen.

In den überlieferten Mythen erscheint der Ring-Träger Tyr als der Schmied Wieland, als der Zwerg Andvari, als der Zwergenkönig Elberich, als der Zwergenkönig Niblung und der König Helgi. Alle diese Saga-Varianten des Tyr leben in der Unterwelt bzw. in einem Hügelgrab.

Der Andvari-Ring kann Gold vermehren, was eine Umdeutung der Wiedergeburt der goldenen Sonne ist. Dieses „neue Gold" ist die Morgensonne, die in den alten Mythen durch Freya wiedergeboren wird. Diese Mythe ist auch eine der Wurzeln der Vorstellungen über den Stein der Weisen, der Blei in Gold verwandeln kann.

Der Ring „Gleser" („Glänzender") ist der Ring des Tyr, der in der Saga über Thorstein Viking-Sohn als „Kol der Bucklige" erscheint. Über die Eigenschaften dieses Ringes wird nichts berichtet, aber da das Schwert und das Trinkhorn, die zu diesem Ring gehören, magische Eigenschaften haben, wird auch der Ring „Gleser" eine solche Eigenschaft gehabt haben.

Der vierteilige goldene Ring aus dem Hügelgrab, den Thorstein raubt, ist ein „Ring aus dem Jenseits". Die Vierteilung dieses Ringes ist möglicherweise ein Hinweis auf das alte Sonnensymbol des von einem Kreuz in vier gleiche Teile geteilten Kreises.

Aus der Jenseitsreise-Qualität des Ringes ist in der Garel-Sage nur noch der Zwergenkönig (Tyr) geblieben, der dem Ritter den Ring reicht, der ihm die Stärke von zwölf Männern verleiht.

Freyas Halsreif „Brisingamen" („Leuchtender Halsreif") ist in symbolischer Hinsicht mit Tyrs Sonnen-Ring und mit Odins Draupnir identisch – und ebenso mit Freyas Tränen. Es wird sicherlich nicht ganz verkehrt sein, wenn man sich vorstellt, daß Freyas Brisingamen aus ihren goldenen Tränen gefertigt worden ist – jede goldene Träne könnte eine junge, goldene Morgensonne sein ...

Freyas Halsreif wurde von Zwergen, d.h. von Totengeistern in einem Hügelgrab gefertigt – er ist also ein Jenseits-Ring. Da sich Freya mit den vier Zwergen vereint, um von ihnen den Halsreif zu erhalten, ist er auch sehr eng mit der Wiederzeugung assoziiert.

Nach diesem Halsreif wurde Freya auch Menglöd, d.h. „die über den Halsreif glücklich ist" genannt.

Ein älterer Name für Brisingamen ist „breostweordunge", d.h. „Gegenstand der Norne/Jenseitsgöttin Wyrd, der auf der Brust getragen wird".

Freya ist die Göttin, die den Sonnengott-Göttervater Tyr jede Nacht bzw. jeden Winter wiedergeboren hat.

Fullas goldener Haarreif wurde fest mit der Sonne assoziiert und entspricht Freyas Halsreif Brisingamen sowie Odins Ring Draupnir.

Der Name des Ringes Hnitud ist recht interessant, da er sehr an den Namen des Hügelgrabes „Hnitbjörg" erinnert, in dem sich Odin mit Gunnlöd vereint, der er dann den Skaldenmet raubt. Dieses „hnit" bedeutet „stoßen, zusammenstoßen". Das, was hier zusammenstößt, ist der Stein vor dem Eingang der Grabkammer des Hügelgrabes, mit dem die Grabkammer nach der Bestattung versiegelt wird, bevor auch der Zuweg zu dem Grabkammer-Eingang mit Erde und Steinen aufgefüllt wird. Der magische Ring der Jenseitsgöttin-Riesin Brana ist also auch ein Jenseitsreise-Ring. Dies zeigt sich auch daran, daß er seinen Träger durch seine Farbe vor tödlicher Gefahr warnt.

Hnitud soll aus sieben Teilen bestehen – das könnte jedoch auch eine recht späte Zutat sein, da die Zahl „7" bei den Germanen keine ausgeprägte Symbolik gehabt hat. Bei den Germanen wäre eher die „Jenseits-9" als die „Planeten-7" zu erwarten gewesen.

Der Ring der Riesin Mana, den sie dem Helden Sörli schenkt, entspricht dem Ring der Riesin Brana aus der Halfdan-Saga. Der Ring der Mana schützt jedoch nicht vor Feinden, sondern vor dem Verirren.

Wenn man beide Ring-Fähigkeiten, also den Schutz vor Todesgefahr und vor Verirren, miteinander kombiniert, erhält man wieder das ursprüngliche Ring-Motiv des Jenseitsweges („Tod" und „Weg").

Zwischen 100 v.Chr. und 100 n.Chr. wurden auf der Insel Öland in Schweden Goldringe in Opfermooren versenkt. Diese Ringe sind somit Gaben an die Götter gewesen – möglicherweise an den damaligen Göttervater Tyr.

Um ca. 230 n.Chr. wurden Halsreifen in dem Moor von Thorsberg im Norden von Schleswig-Holstein geopfert. Da damals auch die Waffen der besiegten Feinde geopfert wurden und der Göttervater Tyr auch der Kriegsgott gewesen ist, werden vermutlich auch diese Halsringe zu Tyr gesandt worden sein.

Es hat bei den Germanen um 100 n.Chr. (und auch davor und danach) möglicherweise den Brauch gegeben, daß man den Halsring erst tragen durfte, wenn man einen Feind getötet hat. Die Schilderung des Tacitus, nach der man den Halsring erst ablegen darf, wenn man einen Feind getötet hat, ist sehr wahrscheinlich eine unabsichtliche Verdrehung dieser Symbolik in ihr Gegenteil.

In der Zeit von 200-500 n.Chr. hat man vor allem in Skandinavien, aber auch in dem im Süden angrenzenden germanischen Gebiet von Belgien bis Weißrußland Ringe ohne Wendel, aber dafür mit einem verdickten Ende hergestellt. Diese Ringe werden „Kolben-Armring" genannt und am linken Handgelenk statt am Hals getragen.

Es ist noch unklar, ob diese Ringe dieselbe Symbolik wie die Wendel-Halsringe gehabt haben. Sie wurden vor allem von Herrschern, aber auch von hochgestellten Frauen getragen – aber vielleicht konnten sich auch nur diese einen solchen Schmuck leisten.

Die Kolben-Armringe scheinen die vereinfachte Form der Schlangenkopfringe zu sein, die in der Zeit von ca. 250-500 n.Chr. getragen worden sind. Diese Armringe besitzen an ihren Enden nicht nur eine einfache Verdickung, sondern einen fein gearbeiteten Schlangen- oder Drachenkopf. Da die Schlange bzw. der Drache die Gestalt der Toten auf ihrer Reise in das Jenseits gewesen ist, sprechen diese Schlangenköpfe dafür, daß die Kolben-Armreifen wie die Wendel-Halsringe Symbole für die Jenseitsreise bei der Krönung gewesen sind.

Diese Ringe, die vor allem in Südschweden, aber vereinzelt auch in Norddeutschland und Belgien gefunden worden sind, gab es auch mit Vogelköpfen oder Vögeln an ihrem Ende, die man sicherlich als Seelenvögel auffassen darf.

Diese beiden Formen des Armreifs, die in einigen Horten auch zusammen gefunden worden sind, werden daher dieselbe Symbolik wie die Wendel-Halsringe gehabt haben.

In der Zeit von 250-1000 n.Chr. haben die Germanen Runensteine für Verstorbene angefertigt, auf der sich z.T. ein Kreuz-Kreis als Symbol für die Sonne und die Jenseitsreise befand.

Die Ringe auf dem Altar im Tempel, auf die man beim Schwören seine Hand legte, waren aus Gold oder aus Silber, wogen zwischen 90g und 900g und waren zwischen 3mm und 14mm dick. Dieser Ring wurde auch bei jedem Thing von dem Anführer getragen.

Das Tragen des Ringes am Handgelenk und das Legen der Hand auf den Ring sollte wahrscheinlich eine Verbindung zu der Gottheit herstellen, der dieser Ring gehört hat, damit dadurch der Ring-Träger beim Thing von dieser Gottheit inspiriert und geleitet wird und der Schwörende von dieser Gottheit gehört und beim Meineid bestraft wird. Eine solche Auffassung des Eides, also das Herbeirufen einer göttlichen Strafe im Falle des Eidbruches ist sehr weit verbreitet.

Auch die Gottheiten in den Tempeln tragen manchmal Armreifen, was die Deutung des Eid-Ringes im Tempel als eines Ringes, der einer Gottheit gehört, bestätigt.

Die folgende Formel für einen Ring-Eid ist wörtlich überliefert worden: *„Ich schwöre auf diesen Ring einen Lög-Eid. Mögen mir Freyr und Niörd und der allmächtige Ase helfen, damit ich bei diesem Thing entsprechend dem, was ich als das richtigste und wahrste und dem Gesetz am meisten entsprechende kenne, anklage oder verteidige oder eine Zeugenaussage mache oder ein Urteil fälle, und daß ich mit allen rechtlichen Dingen so umgehen werde, wie ich es hier auf diesem Thing tue."*

Der „allmächtige Ase" ist vermutlich der ehemalige Göttervater Tyr, der auch „Alwaldi", d.h. „Allherrscher" genannt worden ist.

Eine zweite, rekonstruierte Eid-Formel, die sich auf einen Ring bezieht, ist, lautet: *„Ich schwöre bei der südlichen Sonne, ich schwöre bei Sieg-Tyrs Hügelgrab, ich schwöre bei dem geschützten Bett des Friedens, ich schwöre bei Ullrs Ring, daß ich ... ..."*

Hier ist der Bezug zu dem ehemaligen Sonnengott-Göttervater Tyr offensichtlich: die Sonne, Sieg-Tyr, der Hügel des Sieg-Tyr (sein Hügelgrab), das „Bett des Friedens" (wieder sein Hügelgrab) und „Ullrs Ring" (Ullr = Tyr im Winter-Jenseits).

Der Ring beim Ablegen eines Eides wird den Schwörenden daher ursprünglich mit dem ehemaligen Sonnengott-Göttervater Tyr verbunden haben. Die Geste ist dieselbe wie das heutige Schwören auf die Bibel und die damit verbundene Formel *„So wahr mit Gott helfe!"*

Über Odin wird berichtet, daß er einst einen Ring-Eid abgelegt hat. Er hat diesen Eid jedoch gebrochen und dadurch dem Tyr die Postion des Göttervaters abnehmen können ... Daher wird davor gewarnt, auf die Treue des Odin zu bauen ...

Der Steinkreis, in dem man sich versammelte, um beim Thing Urteile zu fällen und Menschen-Opfer zu bestimmen, wurde „Schicksals-Ring" genannt. Da man nur dem Göttervater (Tyr/Odin) Menschen geopfert hat, wird auch dieser Ring mit der Sonne und mit Tyr assoziiert worden sein.

Bei den Merowingern (430-751 n.Chr.) ist noch eine weitere Form des Halsringes üblich gewesen, dessen hintere Hälfte aus einem dünnen Draht bestand, und dessen vordere Hälfte ein dickerer Metallbogen war, der in seiner Mitte eine markante Verdickung gehabt hat. Vermutlich ist auch dies ein „Krönungs-Jenseitsreise-Ring" gewesen.

Wie alt diese Tradition der Tempel-Ringe ist, ist unbekannt, aber sie reicht auf jeden Fall bis in die Tyr-zentrierte Phase der nordgermanischen Religion, d.h. bis vor

500 n.Chr. zurück.

In dem Ullr-Tempel in Lilla Ullevi in Südschweden sind in der Zeit von 650-750 n.Chr. mindestens 56 einfache, geschlossene Ringe geopfert worden, die von ihrer Größe her zwischen Fingerringen und Armreifen geschwankt haben. Sie scheinen speziell als Opfergabe hergestellt worden zu sein.

Auffälligerweise gibt es einige Dreiergruppen von Ringen wie z.B. drei kleine Ringe, die an einem großen Ring hängen. Dieses markante Arrangement weist darauf hin, daß mit diesen Ringen die Zahl „3" assoziiert worden sein muß, d.h. der Zyklus und die Wiedergeburt der Sonne und auch allgemein der Jenseitsreisenden (siehe „3" in Band 47). Diese Dreiergruppen von Ringen werden eng mit dem dreieckigen „Hrungnirherzen", d.h. mit dem Symbol des Tyr-Hrungnir und der Sonne, verbunden gewesen sein. Diese Symbolik entspricht wiederum den frühesten germanischen Ringen: den Sonnensymbolen in den südschwedischen Steinritzungen.

Das bedeutet, daß auch noch diese Opfer-Ringe die Jenseitsreise-Symbolik gehabt haben werden.

Aus der Jenseitsreise-Symbolik hat sich die Nebenbedeutung „Schicksal, Los, Chance" des Wortes „Ring" ergeben.

In der Zeit von 400-600 n.Chr. sind Bildsteine mit Sonnensymbol im Kult verwendet worden.

Nach 500 n.Chr. scheinen die Hals- und Armreifen keine religiöse Symbolik mehr gehabt zu haben, sondern einfach Schmuck und Reichtum gewesen zu sein. Dieser Befund spricht wiederum dafür, daß der Ring ein Symbol des ehemaligen Göttervaters Tyr gewesen ist, der um ca. 500 n.Chr. von Odin und Thor abgesetzt worden ist.

Die Jenseitsreise-Symbolik des ehemaligen Sonnengott-Göttervaters ging mitsamt seiner Ring-Symbolik auf Baldur über, der diesen Ring mit in das Jenseits nimmt und ihn wieder aus ihm zurücksendet – so wie die Sonne unter- und wieder aufgeht.

Baldurs Schiff „hringhorni" hat einen interessanten Namen, da dieser aus den Tyr-Mythen übernommen worden sein könnte. Der Ring ist der Jenseitsreise-Sonnen-Ring. Das Horn könnte das Met-Horn oder das Horn, in dem der Ring aufbewahrt wird oder das Horn des Stieres sein, in den sich Tyr bei seiner Wiederzeugung verwandelt – oder alles drei zugleich.

Als neuer Göttervater ist jedoch nicht Baldur, sondern Odin der Besitzer des Draupnir – hier hat sich die Herrschafts-Symbolik des Ringes durchgesetzt. Die Ringsymbolik wird im Zusammenhang mit Odin präziser überliefert: in jeder neunten Nacht („9" = Jenseits) tropfen von ihm acht gleiche Ringe ab („8", „Ring" =

Sonne), d.h. die Sonne wird aus dem Jenseits heraus in vollkommener Gestalt wiedergeboren.

Das Schmieden des Tyr wurde auf seine beiden Alcis-Söhne übertragen, die nun nicht mehr das Schwert des Tyr neuschmieden, sondern die magischen Gegenstände der Götter Thor, Odin, Freyr und Sif, die ab 500 n.Chr. in Uppsala verehrt wurden – sie schmiedeten u.a. auch den Ring Draupnir des Odin.

Der Ring, den die Maid in einer Wunde in dem Bein des Hadding verborgen hatte, nachdem dieser sie vor der Ehe mit einem Riesen bewahrt hatte, ist der Ring, der es dem Jenseitsreisenden ermöglicht, sich mit der Jenseitsgöttin zu vereinen. König Hadding selber geht entweder auf Odin, wahrscheinlicher jedoch auf Tyr zurück.

Auch der Held Starkad, der 300 Jahre alt geworden ist und einen Goldring trug, ist eine Saga-Variante des Tyr.

Der Name des Königs „Hring" („Ring") ist einst ein Beiname des Tyr und später vermutlich auch des Odin und des Freyr gewesen.

Spätestens ab 500 n.Chr. übernimmt auch Freyr, der in den Sagas als König Frodi erscheint, die Ring-Symbolik des Tyr. Die Erzählungen in diesen Saga scheinen eine Umdeutung der Jenseitsreise-Symbolik aus den Tyr-zentrierten Mythen sowie des alten Brauches zu sein, an der Pfostenreihe an dem Kultweg, der zu dem Tempel von Uppsala führt, einen goldenen Ring aufzuhängen.

Die Göttinnen Freya und Frigg treten in diesen Umdeutungen als Mühlstein-Mägde und Zauberinnen auf, die sich u.a. in eine Stute verwandeln können – Tyr und Freya verwandelten sich in den alten Mythen bei der Wiederzeugung in einen Hengst und eine Stute bzw. in einen Stier und eine Kuh.

Der „Gute Ring" und der Ring „Sviagris" („Schweden-Ferkel") in der Saga über König Hrolf Kraki könnten derselbe Ring sein, der sich durch die Kombination von verschiedenen Überlieferungen der ursprünglichen Mythe in dieser Saga „verdoppelt" hat.

Der Übersetzung des Namens „Guter Ring" ist nicht ganz sicher: Wenn die Umschrift „hringinn góða" richtig ist, bedeutet der Name „Guter Ring"; falls der Akzent über dem „o" unberechtigt sein sollte, würde der Name „hringinn goða" lauten, was „Gottes-Ring" bedeuten würde. Mit „Gott" ist im allgemeinen „Tyr" gemeint.

In diesen Sagas finden sich viele Motive aus Mythen über Tyr und Loki sowie aus einigen älteren Sagas.

Der Ring „Sviagris" ist wahrscheinlich mit dem „Guten Ring" bzw. „Gottes-Ring" identisch. Sie sind der Ring des Tyr, der nach 500 n.Chr. zu dem Ring des Freyr geworden ist – falls dieser nicht schon zuvor auch einen Ring besessen haben sollte. Um diesen Ring haben sich Tyr und Loki bzw. in der Saga Hrolf und Adils gestritten. Dieser Ring war auch im Besitz der Königin Yrsa, die die Saga-Variante der Freya ist.

Der Ring „Sviagris" wird daher die vermutlich wichtigste Königs-Insignie der Schweden-Könige gewesen sein (neben dem Eber-Helm und der Brünne).

Das Schmücken der Bänke mit Goldringen könnte dem Ring des Frodi auf dem Pfosten am Kultweg, den goldgeschückten Tempeln, dem leuchtenden Gold auf dem Fußboden der Halle des Tyr-Ägir und den leuchtenden Gold-Schwertern in Odins Walhall entsprechen. Dieses Gold ist wahrscheinlich ursprünglich eine Sonnen/Tyr-Weihung gewesen.

Der alte und blinde Zauberer Lodmund von Skogar benutzte bei einem Zauber, durch den er einen Fluß umleitete, einen Stab, den er mit beiden Händen hielt, und einen Ring, in den er biß. Leider ist über diesen Zauber nur so wenig bekannt, daß sich die genaue Symbolik des Ringes in diesem Zusammenhang nicht mehr rekonstruieren läßt – z.B. ob die beiden beteiligten Zauberer den Fluß als den Jenseitsfluß Gjallar angesehen haben.

Aus der Hilfe bei der Jenseitsreise, die der Ring seinem Träger gab, ist in den Sagas oft ein auf dem Ring liegender Todesfluch geworden. Der bekannteste dieser Flüche liegt auf dem Fafnir-Ring, aber auch auf dem Ring des Visbur liegt ein ganz ähnlicher Fluch.

In der Sage über Thrond von Gate ist es schlichtweg Gier, die einen König veranlaßt, einen Unglücks- und Todesfluch über einen Ring, den er nicht bekommen konnte, auszusprechen.

Ab ca. 1000 n.Chr. bis 1200 n.Chr. enthalten die Runenstein Inschriften, die ein gemischtes germanisch-christliches Weltbild zeigen. Das Symbol des Kreuz-Kreises ist in ihnen zunehmend vom Sonnen- zum Christus-Symbol umgedeutet worden.

Die Symbolik des magischen Ringes mit seiner schützenden Funktion und auch mit seinem Todesfluch hat sich bis in die späten Ortssagen erhalten können.

Es hat den Anschein, als ob es zumindestens unter reicheren Eheleuten üblich gewesen sei, daß der Mann seiner Frau zur Hochzeit einen Armreif schenkt.

Ringe wurden zumindestens in der Spätzeit auch als Reichtum angesehen und als Zahlungsmittel benutzt.

Die indogermanischen Wurzeln des Brisingamen wurden schon in dem Kapitel „Freyas Brisingamen" beschrieben.

I Das Haarband

I Haarbänder in der germanischen Überlieferung

In den Sagas werden mehrfach Haarbänder erwähnt. Das bekannteste Haarband ist das goldene Haarband der Göttin Fulla – das allerdings ein Haarreif gewesen sein wird (siehe das nächste Kapitel).

Auffälligerweise wird in den Sagas nur über Haarbänder berichtet, die von Männern getragen werden. Die beiden einzigen Erwähnungen von Frauen-Haarbändern stammen aus der Gesta danorum, in der die Ereignisse aus christlicher Sicht geschildert worden sind. Da Saxo der Schriftkundige an beiden Stellen vor allem über die „weibischen Haarbänder der Männer schimpft", wird sich Saxo in bezug auf die Haarbänder eher an der mitteleuropäisch-christlichen Tradition als an der germanischen Tradition orientiert haben.

I 1. Das Haarband der Männer

I 1. a) Die Njals-Saga

Es scheint damals für Männer durchaus üblich gewesen zu sein, sich die Haare mit einem Seidenband aus der Stirn zu halten:

Skapte hatte unterdessen seine Augen fortwährend auf Skarphedin gerichtet, wie er dastand im blauen Gewand, blaugestreiften Beinkleidern, schwarzen Schuhe mit hohen Absätzen an den Füßen und einem silbernen Gürtel um die Hüften gegürtet; in der Hand hielt er seine Axt Rimegyge, am Arm hatte er einen leichten Schild, um den Kopf trug er eine seidene Binde und hatte das Haar hinter die Ohren zurückgestrichen; er sah sehr kampffertig aus, sodaß er allen auffallen mußte.

I 1. b) Gesta danorum

Da kam der gierige Schmied mit lüsternen Schritten und mit eingeübten Gesten herein und er machte ihr schöne Augen, als er sich wieder verbeugte. Sein Schutz war ein Mantel aus Biberfell, seine Sandalen waren mit Edelsteinen eingelegt, sein Umhang war mit Gold bestickt. Ein prächtiges Band hielt seinen geflochtenes Haar zusammen und eine vielfarbige Schnur hielt seine in alle Richtungen fallenden Locken zusammen.

I 2. Das goldene Haarband der Männer

I 2. a) Die Njals-Saga

Goldverzierte Stirnbänder scheinen zu den Zeichen wohlhabender Männer zu gehören und konnten von Königen ihren Kriegern geschenkt werden. Das Tragen solcher Haarbänder muß demnach für die Männer völlig normal gewesen sein.

Der König aber schenkte ihm ein Prachtgewand, ein Paar goldumsäumte Handschuhe, ein Stirnband mit goldenem Aufsatz und einen russischen Hut.

I 2. b) Die Njals-Saga

Das „goldene Stirnband" wird vermutlich ein „goldbesetztes Stirnband" sein.

Dabei kamen sie an einer Hütte vorbei, vor deren Tür mehrere Männer saßen; einer derselben trug einen Scharlachmantel um die Schultern, ein goldenes Stirnband auf dem Kopfe und eine silberbeschlagene Axt in der Hand.

I 2. c) Die Saga über Bosi und Herraud

Diese goldenen Stirnbänder scheinen geradezu einer Krone verwandt gewesen zu sein, da sie offenbar die hohe Stellung seines Trägers veranschaulichten.

Ein Mann kam in die Halle. Er war gut gebaut und stattlich. Er war mit einem roten Kittel gekleidet und trug einen silbernen Gürtel um seine Hüfte und ein goldenes Band an seiner Stirn.

I 2. d)   Skaldskaparmal

So sang Kormakr:

Der Geber der Länder, der das Segel
an den Mast bindet, ehrt mit einem Goldband den,
der des Gottes Vers-Met ausgießt.
Odin verzauberte Rindr mit Magie.

Geber der Länder = König (gibt Lehen)
Segel an den Mast binden = zur See fahren = Krieg führen, plündern
Vers-Met ausgießen = ein Loblied vortragen
Goldband = goldbesetztes Haarband

I 2. e)   Die Lachstal-Saga

Neben ihm saß ein Mann in einem vergoldeten Sattel. Er trug einen scharlachroten
Kittel und einen Goldreif an seinem Arm und ein goldbesticktes Band um sein Haupt.

I 2. f)   Gesta danorum

Der christliche Mönch Saxo der Schriftkundige scheint diese goldenen Haarbänder jedoch für Männer sehr unpassend gefunden zu haben.

„…. denn es ist unpassend, daß das Haar der Männer, die sich für die Schlacht
vorbereiten, mit Goldbändern zurückgebunden wird, denn solch eine Tracht ist recht
für die Versammlungen der Weichen und der Weibischen."

I 3.   Der silberne Haarreif

I 3. a)   Die Saga über die Joms-Wikinger

In der folgenden Saga wird ein silberner Haarreif genannt. Da er von einem Kind getragen wird, das eine Saga-Variante des ehemaligen jungen, wiedergeborenen Göttervaters Tyr ist (siehe „Inzest" in Band 51), könnte dieser Haarreif eine tiefere Bedeutung haben. Wenn diese Vermutung zutreffen sollte, könnte dieser Haarreif ein Symbol des Tyr oder der Wiedergeburt gewesen sein.

Ein König, der über Dänemark herrschte, hieß Gormr und wurde „der Kinderlose" genannt. Er war ein mächtiger König und bei seinen Leuten beliebt. Als das Folgende geschah, hatte er noch nicht lange über das Reich geherrscht. Zu jener Zeit lebte in Saxland Jarl Arnfinnr, der das Reich von König Karl dem Großen als Lehen bekommen hatte.

Arnfinnr und König Gormr waren gute Freunde und sie waren beide zusammen auf Wikingerfahrt gewesen. Der Jarl hatte eine schöne Schwester. Er war ihr mehr zugeneigt, als er hätte sein sollen und bekam mit ihr ein Kind, was verheimlicht wurde. Der Jarl schickte Leute mit dem Kind fort und befahl ihnen, sich nicht von ihm zu trennen, bevor sie wüßten, was aus dem Kind würde.

Sie kamen nach Dänemark und in die Nähe eines Waldes. Sie erfuhren, daß König Gormr mit seinem Gefolge in dem Wald war. Sie legten das Kind unter einen großen Baum und brachten sich in Sicherheit.

Gegen Abend begaben sich der König und alle seine Gefolgsleute heim, bis auf zwei Brüder. Der eine hieß Hallvardr, der andere Havardr. Sie blieben hinter den anderen zurück. Sie gingen weiter, um sich umzusehen, und da hörten sie das Weinen eines Kindes. Sie gingen dem Geräusch nach, aber wußten nicht, was es bedeutete. Da fanden sie einen Knaben unter einem großen Baum und ein großes Bündel in den Ästen darüber.

Das Kind war in kostbaren Seidenstoff eingewickelt und hatte ein silbernes Band um den Kopf, in dem ein goldener Ring von einer Unze Gewicht war. Sie hoben das Kind auf und nahmen es mit nach Hause.

Sie kamen heim, als der König gerade beim Trinken saß, und sagten ihm, was sie gefunden hatten und zeigten ihm den Knaben.

Ihm gefiel er gut und er sprach: „Dieser Knabe wird ein großartiger Mann werden und es ist besser, ihn gefunden zu haben als nicht."

Er ließ den Knaben mit Wasser begießen und Knutr („Knoten") nennen, weil ein Ring an seine Stirn geknotet gewesen war. Der König stellte einen Erzieher für ihn an, nannte ihn seinen Sohn und liebte ihn sehr.

Als König Gormr alt war, übergab er seinem Adoptivsohn Knutr das Reich. Danach starb König Gormr. Nun übernahm Knutr das gesamte Reich, das König Gormr gehört hatte, und er war beliebt.

I 4. Das Haarband der Frauen

I 4. a) Gesta danorum

Auf diese Worte hin begann die Königin zu zittern und nahm das Band, mit dem sie auf Frauenweise ihr Haar zu schmücken pflegte, von ihrem Haupt, und gab es dem wütenden alten Mann, als ob sie seine Wut mit einem Geschenk beruhigen könnte.

Starkad schleuderte sie in seinem Zorn schmähend in das Gesicht der Geberin und sprach mit lauter Stimme:

„Da, nimm das Frauen-Geschenk,
und setze es wieder auf Dein Haupt –
kein tapferer Mann trägt den Kranz,
der nur der Liebe gebührt!

Denn es ist unpassend, daß das Haar der Männer,
das für die Schlacht bereitet ist,
mit geflochtenem Gold gebunden wird,
solche Tracht ist nur recht für die Schar der Weichlinge und der Weibischen!"

I 4. b) Gesta danorum

Diese Szene wird noch ein zweites Mal geschildert:

Doch die Königin wollte nicht gehen, bevor sie nicht ihr Ziel erreicht hatte. Da sie dachte, daß Geschenke der beste Weg seien, den Zorn des alten Mannes zu vertreiben, nahm sie von ihrem eigenen Haupt ein Band, das in bewunderungswürdiger Handwerksarbeit hergestellt worden war, und legte es in seinen Schoß, während er aß, da sie seine Gunst erkaufen wollte, weil sie seinen Mut nicht schwächen konnte.

Doch Starkad, dessen bitterer Zorn noch nicht verebbt war, schleuderte es in das Gesicht der Spenderin zurück, da er fand, daß in einem solchen Geschenk mehr Verachtung als Ehrung lag.

Und es war weise von ihm, diesen merkwürdigen Schmuck der weiblichen Kleidung nicht auf sein eigenes Haupt zu setzten, das von Narben bedeckt und den Helm zu tragen gewohnt war, denn er wußte, daß die Locken eines Mannes keine weibisches Haar-Band tragen sollten.

Auf diese Weise rächte er Beleidigung mit Beleidigung und bezahlte die erhaltene Geringschätzung mit erwiderter Verachtung und zeigte sich dabei fast ebenso edel in der Rache für die ihm angetane Beleidigung als er es zuvor in dem selbstbeherrschten Ertragen dieser Beleidigung gewesen war.

Von den sechs in den Sagas erwähnten Haarbändern ist eines aus Seide und vier sind „golden" oder „goldbesetzt". Sie wurden u.a. von Königen als Anerkennung verschenkt. Sie scheinen somit eine Art „Krone" gewesen zu sein.

Eine Verwandtschaft der Symbolik dieser „Gold-Haarbänder" mit der Symbolik des goldenen Haarreifs der Fulla, des Goldringes (Draupnir) des Odin und des Brisingamen der Freya ist recht wahrscheinlich.

Es wird nirgendwo gesagt, daß diese Haarbänder zu der Tracht der Priester und Priesterinnen gehören. Falls sie jedoch von den Goldhüten abstammen sollten, müßten sie ursprünglich ein Teil des Priester-Ornats gewesen sein. Dann wären auch die Gold-Haarbänder recht sicher Sonnen-Symbole und somit eine Verbindung zu dem ehemaligen Sonnengott-Göttervater Tyr.

Die beiden von Saxo erwähnten Frauen-Haarbänder könnten sich auf die mitteleuropäisch-christliche Tradition beziehen, da Saxo der Schriftkundige der einzige ist, der solche Frauen-Haarbänder erwähnt.

Man könnte erwägen, ob der silberne Haarreif Tyrs Mond-Nacht-Krone und der goldene Haarreif Tyrs Sonnen-Tag-Krone ist – aber es gibt zuwenig Informationen über diese Haarreifen, um diese Arbeitshypothese weiter verfolgen zu können.

J Das Haarband der Fulla

I Fullas Haarband in der germanischen Überlieferung

Das goldene Haarband der Göttin Fulla wird an mehreren Textstellen beschrieben und ist das markanteste Merkmal dieser Göttin.

I 1. Fullas Haarband

I 1. a) Gylfis Vision

Da frug Gangleri: „Welches sind die Asinnen?"
Har antwortete: „... ... ... Fulla, die fünfte, ist ebenfalls Jungfrau, und trägt loses Haar und ein Goldband ums Haupt. Sie trägt Friggs Schmuckkästchen, wartet deren Fußbekleidung und nimmt Teil an ihrem heimlichen Rat."

Das Goldband im Haar und das Hüten von Friggs Schmuckkästchen sind vermutlich Hinweise auf die „Fülle" der Fulla. Die Vertrautheit mit Frigg könnte darauf hinweisen, daß sie einen Aspekt der Frigg verkörpert.

I 1. b) Gylfis Vision

Als Hermod nach Baldurs Tod hinab in die Unterwelt zu der Riesin Hel geritten war und mit ihr über die Freigabe des Baldur verhandelt hatte, nahm er Abschied von Baldur, um wieder zu den Asen zurückzureiten.
In dieser Szene wird auch Fulla erwähnt:

Da stand Hermod auf und Baldur geleitete ihn aus der Halle und nahm den Ring Draupnir und sandte ihn Odin zum Andenken, und Nanna sandte der Frigg einen Umhang und noch andere Gaben, und der Fulla einen Goldring.

Der Verdacht liegt nahe, daß die drei Dinge, die Baldur den Asen sendet, dieselbe

Symbolik haben.

Odins Ring Draupnir ist wie die keltischen Torques ein Symbol der erfolgreichen Jenseitsreise. Vermutlich wurde er nach einem Jenseitsreiseritual dem Jenseitsreisenden (Schamane, Priester, König, Krieger) verliehen.

Fulla hütet den Schmuck der Frigg, von der jedoch kein besonderes Schmuckstück bekannt ist. Da Frigg und Freya aber schon von den Germanen z.T. als dieselbe Göttin angesehen wurden, besteht die Möglichkeit, daß in diesem Kästchen Freyas Kette Brisingamen liegt. Da diese Kette vermutlich ein Halsreif mit derselben Bedeutung wie Draupnir und die Torques gewesen ist, wird der Ring, den Baldur der Fulla sendet, wohl Brisingamen sein.

Der Umhang könnte die „Tarnkappe" des Zwergenkönigs Alberich sein. Diese „Kappe" ist eigentlich ein „Cape", d.h. ein Umhang, der unsichtbar macht. Da Menschen (und Götter) nur dann unsichtbar sind, wenn sie als Seele (Astralkörper) ihren materiellen Leib verlassen haben („Astralreise"), könnte der Umhang, den Baldur der Freya sendet, mit diesem „Tarn-Cape" identisch sein. Solch einen Unsichtbarkeits-Mantel besitzt auch der keltische Göttervater Dagda.

Der Mantel der Frigg/Freya, der gut bekannt ist, ist ihr „Falken-Hemd", mit dem man sich in einen Falken verwandeln und dann fliegen kann. Auch dieser Mantel ist ein Symbol für die Verwandlung in einen Seelenvogel, d.h. für die Fähigkeit, den eigenen materiellen Körper zu verlassen und dann für andere Menschen unsichtbar an jeden gewünschten Ort zu schweben bzw. zu fliegen.

Alle drei Dinge, die Baldur den Asen sendet, also den Ring Draupnir für Odin, den Umhang für Freya und den Ring für Fulla, beziehen sich daher auf das Verlassen des materiellen Körpers und die Reise in das Jenseits – was im Zusammenhang mit Baldurs Tod eine sehr plausible Deutung ist.

Das die Kette Brisingamen der wichtigste Besitz der Freya ist, ist es sehr wahrscheinlich, daß Freya und Fulla (und Frigg) letztlich identisch miteinander sind.

I 1. c) Skaldskaparmal

Das goldene Haarband der Fulla scheint ein wichtiges Kennzeichen der Asin gewesen zu sein, da man mit ihm sogar eine Kenning für „Gold" bilden konnte. Es ist sehr wahrscheinlich, daß dieses „runde, goldene Schmuckstück" die Symbolik des Ringes Draupnir und des Halsreifs Brisingamen teilt. Vielleicht ist das goldene Haarband der Fulla ein goldener Haarreif gewesen – dies würde besser zu dem Material Gold passen und es wäre dann auch dem Ring des Odin und dem Halsreif der Freya sehr ähnlich.

„Wie soll man Gold umschreiben?"

„Wie folgt: Indem man es Ägirs Feuer und Nadeln des Glasir, Haar der Sif, Haarband der Fulla, Freyas Tränen ... ... nennt.

Man kann in den folgenden Versen des Eyvindir Skaldaspillir hören, wie Gold gleichnishaft 'Fullas Haarband' genannt wird:

Fullas leuchtendes Schmuckband,
die aufgehende Sonne der Stirn,
strahlte auf dem sich wölbenden Schild-Hügel
für die Skalden in all den Lebens-Tagen des Hakon."

Die *„Lebenstage des Hakon"* ist die Zeit, in der Hakon König war. Dies war eine gute Zeit für die Skalden an seinem Hof, weil er sie großzügig mit Gold belohnte, das hier mit *„Fullas leuchtendem Schmuckband"* umschrieben wird.

Dieser Haarreif wird als *„aufgehende Sonne der Stirne der Fulla"* umschrieben. Dies könnte möglicherweise nicht nur ein poetisches Bild sein, sondern auch die Erinnerung daran, daß auch Fullas goldener Haarreif einst die aufgehende Sonne und somit die Wiedergeburt symbolisiert hat. Dies würde gut zu der Symbolik des Draupnir und zu den Mythen des ehemaligen Sonnengott-Göttervaters Tyr passen.

Mit dem *„sich wölbende Schild-Hügel"* ist vermutlich der aus Bronze hergestellte Schildbuckel in der Mitte des Schildes gemeint.

I 1. d) Kenningar

In den Liedern der Skalden finden sich insgesamt vier Kenningar, die auf Fullas goldenen Haarreif anspielen und die allesamt Fullas Haarreif als „Sonne" auffassen:

Gold	*Haarreif der Fulla*		Snorri Sturluson	Skaldskaparmal
Gold	*Fullas Stirn-Sonne*	Sonne = Gold	Eyvindr Skalden-Verderber	Heimskringla
Gold	*die sinkende Sonne auf der Stirn der Fulla*	Stirn-Sonne = Haarreif; Sonne = Gold	Gamli Kanon	Harmsol
Gold	*untergehende Sonne der Ebene der Brauen der Fulla*	die Göttin Fulla trägt einen goldenen Haarreif	anonym	Lausavisur

Fullas goldenes Haarband wird in den Sagas und Liedern fünfmal erwähnt. Zudem ist einmal von einem goldenen Ring für sie die Rede, mit dem evtl. ebenfalls ihr Haarband oder ihr Haarreif gemeint sein könnte.

Interessanterweise ist Fulla die einzige germanische Frau bzw. Göttin, die ein solches Haarband trägt. In den Sagas werden vier goldene und ein seidenes Haarband von Männern erwähnt, die geradezu den Eindruck einer Krone machen und auf jeden Fall etwas Besonderes sind; aber es wird nirgendwo über germanische Frauen-Haarbänder berichtet.

Fullas Haarband wird viermal mit einer Sonnen-Kenning umschrieben, was nahelegt, daß es wie Freyas Brisingamen, Odins Draupnir und Andwaris Ring die Sonne symbolisiert.

Es ist sehr wahrscheinlich, daß dieses goldene Haarband dieselbe Symbolik wie der goldene Halsreif, Freyas Brisingamen und Odins Ring Draupnir haben: ein Symbol der Sonne und der erfolgreichen Jenseitsreise.

K   Die Tasche

I   Die Tasche in der germanischen Überlieferung

Die Tasche scheint vor allem ganz pragmatisch der Aufbewahrung der Utensilien gedient zu haben, die die Priesterin bei der Ausübung ihrer Tätigkeit benötigt hat. Ob sie diese Tasche nur zum Transport dieser Dinge benutzt hat oder ob sie sie auch während ihrer Seher-Tätigkeit getragen hat, ist unbekannt.

I 1.   Die Tasche der Seherin und Priesterin

I 1. a)   Die Saga über Erik den Roten

Schließlich kam die Seherin am Abend begleitet von dem Mann, der ausgesandt worden war, um sie zu treffen. Sie war folgendermaßen gekleidet:

Sie trug einen blauen Mantel mit Schnüren am Hals, der bis hinab zum Saum mit Edelsteinen bedeckt war.

An ihrem Hals trug sie Glasperlen.

Auf ihrem Kopf trug sie eine schwarze Mütze aus Lammfell, das am Rand mit weißem Hermelin abgesetzt war.

In ihrer Hand hielt sie einen Stab mit einem Knauf am oberen Ende, der mit Messing verziert war und dessen Knauf mit Edelsteinen eingelegt war.

Sie hatte einen Gürtel aus weichem Haar um sich gebunden, an dem eine große Felltasche hing, in der sie die Talismane aufbewahrte, die sie in ihrer Weisheit brauchte.

Sie trug an ihren Füße Schuhe aus ungeschorenem Kalbfell mit langen und haltbar aussehenden Schnürriemen, die in Bronzekugeln endeten.

An ihren Händen trug sie Handschuhe aus Hermelin-Fell, deren weiße Fellseite nach innen gekehrt war.

I 1. b)   Grab von Fyrkat

In diesem dänischen Grab lag der Leichnam einer um 975 n.Chr. bestatteten Seherin, der mit einem langen Gewand bekleidet gewesen ist. Sie trug Zehen-Ringe und Sandalen.

In ihrem Grab fanden sich ein Kessel, ein Wagen, ein Kiste mit ihren Magie-Utensilien (ein Eulen-Gewölle, kleine Vogel- und Tier-Knochen), ein Beutel mit Bilsenkraut-Samen (diese Samen fördern geräuchert Visionen und Astralreisen) und ein silbernes Amulett in der Form eines Stuhles. Diese Amulette fanden sich nur in Frauengräbern und werden den Seherinnen-Hochsitz darstellen.

Möglicherweise entsprachen diese Kiste und dieser Beutel der Tasche der Priesterin in der Saga über Erik den Roten.

I 2.   Die Tasche des Tyr-Riesen

I 2. a)   Beowulf-Epos

Im Beowulf-Epos wird eine Tasche aus Drachenhaut beschrieben, die der Tyr-Riese Grendel bei sich trägt.

/ Ein Handschuh hing an seiner Seite,
weit und wundersam,   /   mit Bändern gebunden,
in kunstvoller Weise   /   war er erschaffen worden,
mit teuflischer Kunst   /   aus Drachenhaut.
Dorthinein wollte   /   der teuflische Feind mich,
einen unschuldigen Mann,   /   zusammen mit vielen anderen
stecken.

Dieser Beutesack des Tyr-Riesen Grendel ist aus Drachenhaut genäht worden und wird als „Handschuh" bezeichnet.

Der „Handschuh" könnte ein Hinweis auf die Hand, die dem Tyr von Fenrir abgebissen wird und den Arm, der dem Tyr-Riesen von Beowulf ausgerissen wird, sein. Möglicherweise besteht auch ein Zusammenhang zu der humorvollen Schilderung der Übernachtung des Thor und seiner Begleiter in dem Handschuh, den der Tyr-Riese Skrymir verloren hat.

Die Schlange bzw. der Drache sind die Gestalt der Toten in ihren Hügelgräbern. Daher kennzeichnet eine Tasche aus Drachenhaut ihren Besitzer als ein Wesen des

Jenseits.

> Die Priesterinnen trugen zumindestens manchmal eine Tasche bei sich, in der sie ihre Zauber-Utensilien mit sich führten.
>
> Die Beute-Tasche des Tyr-Riesen Grendel wird als „Handschuh aus Drachenhaut" beschrieben, in dem mehrere Männer Platz haben.
> Diese Beutetasche ist möglicherweise ein Hinweis auf den Tod des Tyr durch seine abgebissene Hand bzw. seinen ausgerissenen Arm („Handschuh") und seinen Aufenthalt im Jenseits („Drache").
> Diese Tasche wird jedoch nur ein einziges mal erwähnt und ist daher möglicherweise ein Element, daß der Dichter des Beowulf-Epos aus der damaligen Symbolik heraus selber erdacht hat.

L Tierfelle

I Tierfell-Verkleidungen in der germanischen Überlieferung

Man wird generell davon ausgehen können, daß die Tierfell-Verkleidungen in den Sagas einen mythologischen Ursprung haben.

Neben dem Tragen von Wolfsfellen bei den Ulfhedinn (siehe „Ulfhedinn" Band 62) und Bärenfellen bei den Berserkern (siehe „Berserker" in Band 62) gibt es auch zwei recht merkwürdige Verkleidungen, über die in den Sagas berichtet wird.

I 1. Fell-gekleidete Riesen

I 1. a) Gesta danorum

In diesem mythologisch-historischen Geschichtswerk wird über einen Wikinger berichtet, der sich als Riese verkleidet hat.

Als Gram davon hörte, daß Groa, die Tochter des Sigtryg, König der Schweden, einem gewissen Riesen verlobt worden war, fand er diese Verbindung so fluchwürdig für königliches Blut, daß er einen Krieg mit den Schweden begann und fest entschlossen war, dem Heldenmut des Herkules nachzueifern und die Bestrebungen des Ungeheuers zu verhindern.

Er kam nach Gotland und lief, um die Leute zu verängstigen und aus seinem Weg zu scheuchen, in Ziegenfelle gekleidet, in die verschiedensten Tierhäute gehüllt, voran und hielt in seiner rechten Hand eine schreckliche Waffe und gab sich so ganz das Aussehen eines Riesen.

Herkules ist Thor.
Konkret genannt wird in dieser Beschreibung nur das Ziegenfell genannt, die anderen „Tierhäute" sind unspezifisch.
Zum Glück ist die folgende, zweite Beschreibung dieser Art genauer.

I 1. b)   Die Saga über Sturlaug dem Mühen-Beladenen

Sturlaug begegnet an der Küste des Weißen Meeres im Osten von Finnland, das in den Sagas ein Symbol für das Jenseits ist, einer Riesin mit dem Namen „Horn-Neb" („Horn-Schnabel").

Die Riesin Horn-Neb sagte: „Willst Du einen Handel mit mir abschließen?"
„Welche Art von Handel?" sagte Sturlaug.
„Ich will, daß Du Hrolf Neb zu mir bringst, damit ich sehen kann, wie groß und stark er ist und wie er aussieht, weil ich viel über sein gutes Aussehen gehört habe. Ich gebe Dir dafür das, was ich in meiner Hand habe – das ist eine Hellebarde."
Sturlaug sagte: „Was ist Besonderes an diesem Schatz, den Du mir anbietest?"
Sie sagte: „Sie schneidet durch alle Dinge, die Du mit ihr triffst. Sie kann so zusammenschrumpfen, daß Du sie in Deinem Umhang wie einen Dolch tragen kannst. Wohin Du auch immer gehen wirst, wird der Erfolg stets schnell zu Dir kommen, was auch immer Du willst oder brauchst."
Sturlaug sagte: „Dann schließen wir den Handel ab."
Da ging Sturlaug zu seinen Schwur-Brüdern und weckte Hrolf Neb und bat ihn, mit ihm zu kommen. Da gingen sie zu der Klippe, an deren Fuß die alte Dame war. Hrolf setzte sich an die Kante der Klippe und ließ seine Füße hinunterbaumeln.
Er war in ein zotteliges Ziegenfell gekleidet und trug auf seinem Kopf ein ganzes Kalbsfell, dessen Schwanz oben auf seinem Kopf emporstand, und sein ganzes Gesicht war schwarz eingerieben mit dem Ruß des Kessels, und er hatte sich einen Stock quer in den Mund gesteckt, damit sich seine Backen auswölbten. Er hielt ein Horn in seiner Hand. An jedem Fuß trug er eine Schweinehaut. Als er sich so zurechtgemacht worden hatte, sah er nicht stattlich aus, während er dort auf der Klippe saß und den hell scheinenden Mond anstarrte.

Das Horn in der Hand des Hrolf Neb könnte darauf hinweisen, daß auch die Riesin Horn-Neb Hörner an ihrem Kopf trug und daß daher ihr Namen „die mit den Hörnern und dem Schnabel" bedeutet.

Danach ging Sturlaug los, um Horn-Neb zu treffen. Sie grüßte ihn und sagte: „Wo ist Hrolf-Neb?"
Sturlaug sagte: „Schau hinauf zu der Klippe, dann kannst Du ihn dort sitzen sehen."
Sie drehte sich schnell um und sah, wo er saß. Sie beschattete ihre Augen mit ihrer Hand und betrachtete ihn und sprach dann: „Es ist keine Lüge," sagte sie, „daß dort die stattliche Gestalt eines Mannes ist. Und sie haben nicht übertrieben, als sie mir über diesen Mann berichtet haben, der so majestätisch aussieht."

Da wuchs sie gewaltig in die Höhe. Sie streckte sich hinauf zu der Klippe, aber sie fand, daß sie ihn noch immer nicht ganz genau sehen konnte, während er dort oben saß.

„Ich weiß nicht, was ich anderes sagen soll – die Frau muß glücklich sein, die diesen Mann erhält."

Da sah Sturlaug, daß es ihr gelingen würde, seine Füße zu ergreifen, und er hatte keine Lust, zu warten, bis es soweit ist, sondern sprang aus seinem Boot auf einen Felsen und stieß sie mit der Hellebarde, die ganz durch sie hindurchfuhr. Sie fiel auf ihn und er tauchte sofort unter und tauchte unter ihr hervor, aber das Boot kenterte. Sie ließ dort ihr Leben. Er drehte das Boot wieder richtig herum.

Danach gingen sie zurück zu ihren Gefährten und berichteten ihnen, was geschehen war. Sie fanden, daß sie alles gut getan hatten.

Die drei von dem Wikinger Hrolf Neb verwendeten Felle stammen von einer Ziege, einem Kalb und einem Schwein, also von drei Herdentieren.

Die Riesen sind die Ahnen im Jenseits – insbesondere die Ahnen der Götter. Es ist daher nicht verwunderlich, wenn sie in die Felle gekleidet sind, in die man die (männlichen) Toten gehüllt hat, um ihnen die Zeugungskraft dieser (männlichen Herdentiere) zu übertragen.

Siehe zu dieser Symbolik auch die Kapitel „Pferd", „Rind", „Ziege" und „Schwein" in Band 42 sowie „Wiederzeugung" in Band 51.

I 2. Felle als Schutz

I 2. a) Gesta danorum

Als Friedleif zu seinem eigenen Land heimsegelte, hatte er eine schlechte Fahrt und wurde an den Strand einer unbekannten Insel getrieben.

Da erschien ihm ein Mann in einer Vision und riet ihm, den Schatz, der in der Erde vergraben lag, auszugraben und den Drachen, der ihn bewachte, zu töten und sich dafür in eine Stierfell zu hüllen, um dem Drachen-Gift zu entgehen und er riet ihm zudem, sich gegen die giftigen Zähne zu schützen, indem er auch seinen Schild mit einem Fell bezog.

Auch diese Szenerie wird aus den Bestattungsbräuchen stammen, da Drachen Totengeister waren.

I 3.   Felle bei der Hinrichtung

I 3. a)   Die Saga über Thorstein Viking-Sohn

In dieser Saga wird eine Zauberin, die nach einem Kampf völlig erschöpft ist und sich nicht mehr wehren kann, zu Tode gesteinigt.

Sie fanden Dis fast leblos von dem Kampf mit dem Zwerg Lit am Strand. Sie ergriffen sie, stülpten eine ganzes Fell über ihren Kopf und steinigten sie zu Tode.

I 3. b)   Völsungen-Saga

Eine ähnliche Szene findet sich auch in dieser Saga:

So wurde Swanhild am Tor der Burg angebunden und ein Roß wurde gegen sie getrieben um sie totzutrampeln. Als sie jedoch ihre Augen weit öffnete, wagte das Pferd nicht auf sie zu treten. Als Bikki dies erblickte, hieß er ihr einen Beutel über den Kopf zu ziehen. Als sie dies getan hatten, verlor sie ihr Leben.

I 3. c)   Die Saga über Hrafnkell Freyagodi

Dasselbe Verfahren wird auch über die Hinrichtung eines Pferdes berichtet:

Sie treiben nun den Hengst zum Tal herab. Eine schroffe Felswand erhebt sich unten beim Fluß, aber unter derselben ist eine tiefe Höhlung. Dorthin führen sie den Hengst oben an die Felswand. Darauf ziehen die Brüder einen Sack über den Kopf des Hengstes, binden einen Stein an seinen Hals, nehmen sodann lange Stangen, stoßen den Hengst hinunter und töten ihn so.

> Die Riesen, also die Götter im Jenseits, waren in Ziegen-, Kalbs- und Schweine-Felle gekleidet, da man die Toten in diese Felle gehüllt hat, um auf sie die Zeugungskraft der Herdentiere zu übertragen, die sie für ihre Wiederzeugung mit der Jenseitsgöttin benötigten.

Die Felle, die die Ulfhedinn (Wolf) und die Berserker (Bär) tragen, stellen das Tier dar, in das sich sich verwandeln. Diese Felle sind jedoch keine Priester-Tracht.

Das aus einem Fell bestehende Jenseitsreise-Schiff Skidbladnir ist vermutlich eine Umdeutung dieser Jenseitsreise-Felle.

Ob das Fell, daß man den Verurteilten bei der Hinrichtung manchmal über den Kopf zog, eine mythologische Bedeutung hat, ist unklar – auffälligerweise wird dies nur über zwei Frauen (und ein Tempel-Roß) berichtet.

II Felle der Schamanen aus der frühen Jungsteinzeit

In der Jungsteinzeit sind aus Göbekli Tepe (10000 v.Chr.) ein Panther-Mann und einige Kranich-Tänzer bekannt.

Aus der mittleren Jungsteinzeit sind aus Çatal Höyük (7000 v.Chr.) mehrere Panthertänzer erhalten geblieben.

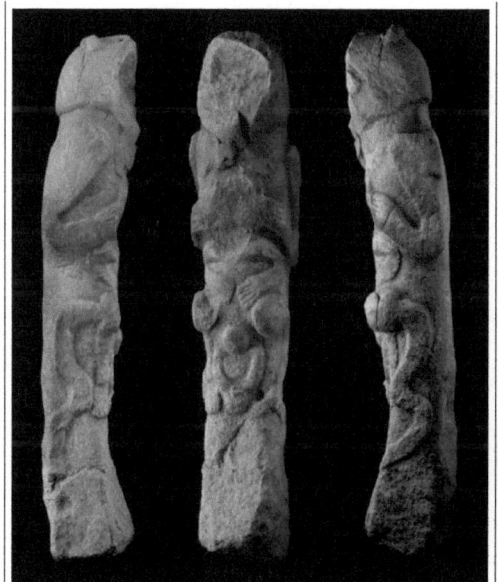

steinerner Totempfahl: Mann mit Pantherohren und zwei Schlangen; Göbekli Tepe, 10.000 v.Chr.

Kranichtänzer (Knie wie bei einem Menschen geknickt); Göbekli Tepe, 10.000 v.Chr.

*Tänzer mit Pantherfell,
Çatal Höyük, 7000 v.Chr.*

*Tänzer mit Pantherfell,
Çatal Höyük, 7000 v.Chr.*

Die Vorfahren der Indogermanen wanderten um ca. 7000 v.Chr. von Mesopotamien aus, also in etwa zu der Zeit und aus der Gegend von Çatal Höyük, nach Norden hin in die südrussische Steppe.

Panther- und Löwenfelle sind auch in der mittleren Jungsteinzeit bis hinein in das frühe Königtum die Abzeichen der Schamanen gewesen.

III   Felle der Schamanen in der späten Altsteinzeit

In den Höhlenmalereien sind mehrere Schamanen in Tierfell-Verkleidungen abgebildet worden.

Es finden sich dabei der Löwe (Stärke auf der Jagd) sowie der Stier und der Ziegenbock (Wiederzeugung).

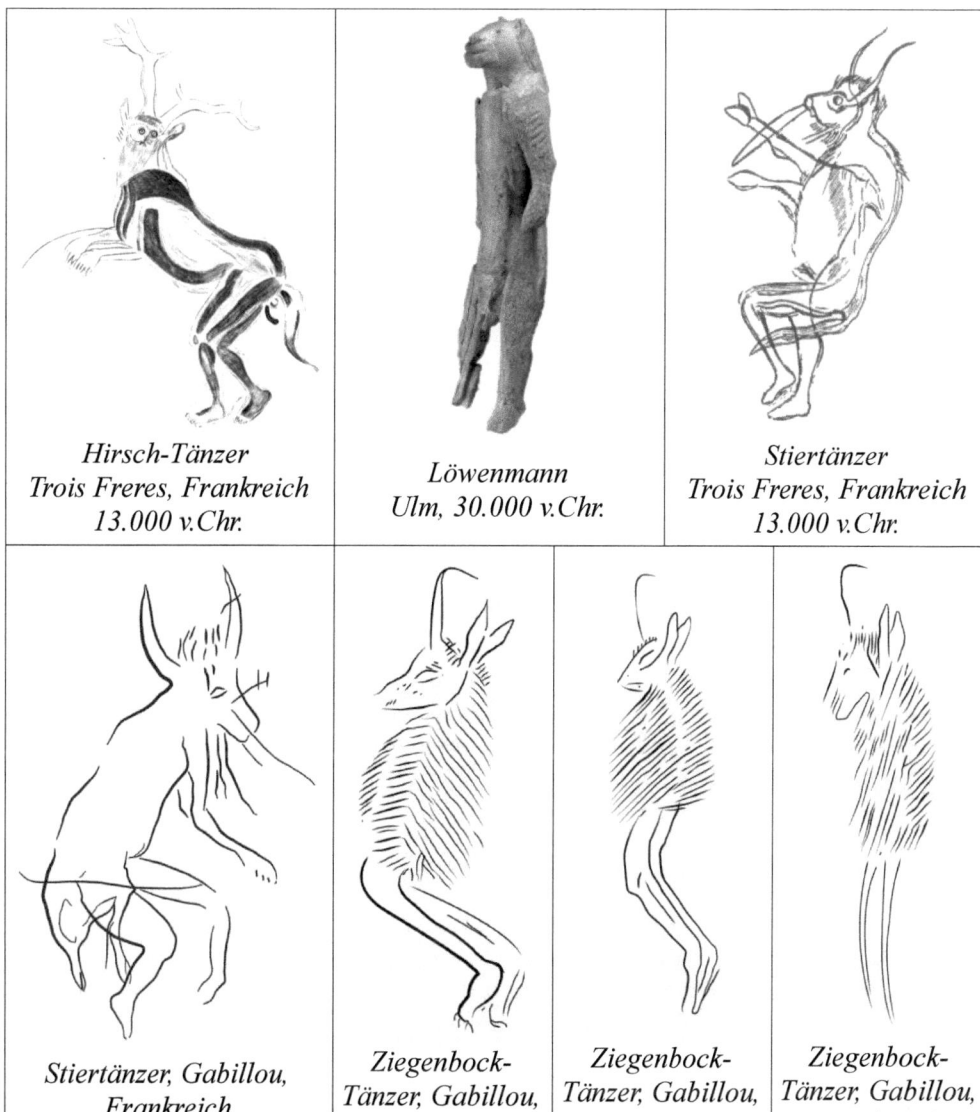

M Nacktheit

I Nacktheit in der germanischen Überlieferung

Über Nacktheit wird nur an sehr wenigen Stellen berichtet – wenn man einmal die häufigen, aber mythologisch nicht relevanten indirekten Berichte über das Baden und das Schwimmen nicht mitrechnet.

I 1. Nacktheit im Alltag

I 1. a) Germania

Die Germanen scheinen um 100 n.Chr. im Alltag nur wenig spärlich gewesen zu sein:

Decke ist allen ein Mantel, mit einer Fibel oder, wenn diese fehlt, mit einem Dorn zusammengeknüpft; im Übrigen unbedeckt, verbringen sie ganze Tage neben dem Herd und dem Feuer.

I 1. b) Zusammenfassung „Schwitzhütte"

Das Bad und die Schwitzhütte werden in dem Kapitel „Schwitzhütte" in Band 64 betrachtet:

> Das heiße, Sauna-ähnliche Bad ist in der germanischen Überlieferung sehr gut belegt, aber es gibt keine Hinweise darauf, daß in diesen Bädern irgendwelche Rituale stattgefunden haben. Somit sind Schwitzhütten bei den Germanen aus der Epoche der schriftlichen Überlieferung nicht direkt nachweisbar.

I 2. Nacktheit beim Sport

I 2. a) Germania

Auch beim „Sport" waren die Germanen nackt:

Die Art ihrer Schauvergnügung ist nur eine und in jeglicher Lustversammlung dieselbe. Entkleidete Jünglinge, deren eigen dies Spiel ergötzen ist, tummeln sich in Sprüngen unter Schwertern und feindlich drohenden Wurfspießen umher.

I 3. Nacktheit beim Kampf

I 3. a) Germania

Tacitus berichtet um 100 n.Chr., daß die Germanen nackt kämpften:

Das Fußvolk wirft auch kleinere Geschosse, ein Mann mehrere, die sie in's Unermeßliche schleudern, nackt oder im kleinen Mantel leicht umhüllt.

I 4. Nackte Berserker

I 4. a) Die Saga über Halfdan Brana-Ziehsohn

Die folgende Beschreibung ist möglicherweise von der Darstellung der Hel inspiriert worden, die halb blau und halb hautfarben ist. Da „blau" ist die Farbe der Leichen und des Todes ist, muß „rot" hier die Farbe des Lebens sein.

Der Jarl antwortete: „Soti ist ein verfluchter Berserker. Er hat zwei Farben. Eine seiner Seiten ist blau und die andere Seite ist rot. Er trägt keine Kleider an seinem Leib. Er ist völlig kahl an seinem Kopf bis auf ein einziges Haar, das in der Mitte seines Schädels steht."

I 5. Nacktheit auf der Jenseitsreise

I 5. a) Goldhörner von Gallehus

Die Darstellungen der Menschen auf den beiden Goldhörnern von Gallehus zeigen, daß man die Menschen im Diesseits bekleidet und im Jenseits unbekleidet dargestellt hat (siehe „Goldhörner von Gallehus" in Band 57).

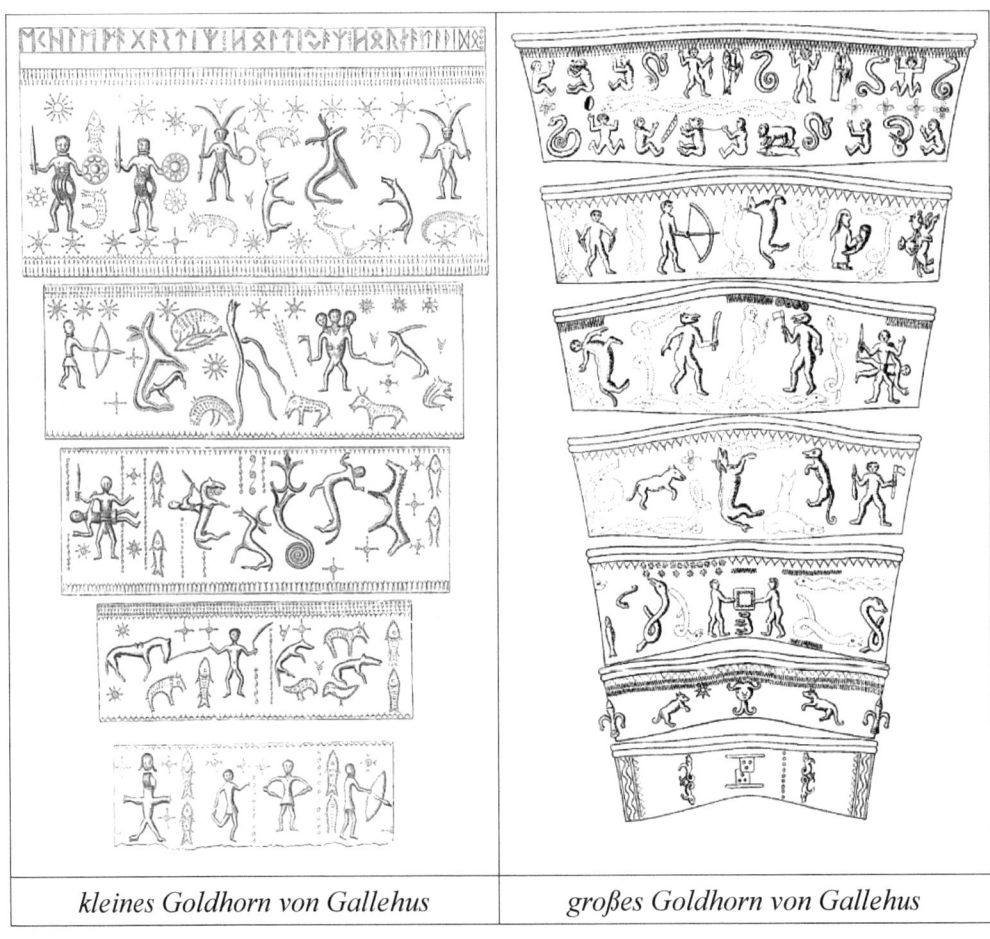

| kleines Goldhorn von Gallehus | großes Goldhorn von Gallehus |

I 5. b) Reisebericht des Ibn Fadlan

In dem folgenden Bericht über die Bestattung eines Wikinger-Fürsten wird beschrieben, daß der Sohn des Toten nackt und rückwärts zu dem an Land gezogenen Schiff geht, in dem der Tote verbrannt werden soll. Sowohl die Nacktheit als auch das Rückwärtsgehen ist ein Jenseits-Symbol.

Dann kamen die vom Volk, die mit dem Toten am nächsten verwandt waren zum Platz. Der Häuptlingssohn nahm ein Holzstück und zündete es an. Er ging rückwärts mit dem Rücken zum Schiff und das Gesicht zum Volk und hielt in der einen Hand das Holzstück während er die andere Hand hinter dem Rücken auf seinem Gesäß ruhte.

Er war nackt. Auf diese Weise wurde überall Feuer unter dem Gestell, das das Schiff stützte, gelegt.

I 6. Der nackte Thor

I 6. a) Die Statuette des Thor

Die Statuetten des Thor tragen zwar einen Hut, aber sie sind nackt:

Thor-Statuette von Akureyi, Island, ca. 1050 n.Chr.

I 7. Der nackte Freyr

I 7. a) Die Statuetten des Freyr

Dasselbe gilt für die Statuetten des Freyr:

Statuetten des Freyr		
 *Freyr-Statuette*	 *Freyr-Statuette von Rällinge*	 *Freyr-Statuette*
 *Freyr-Statuette Schweden, ca. 1050 n.Chr.*	 *Freyr-Statuette*	 *Bruchstück eines männlichen Torsos (Freyr?) aus Zschernitz (Sachsen-Anhalt)*

Nacktheit scheint für die Germanen etwas recht normales gewesen zu sein, da man zusammen in heißen Quellen badete oder im Meer schwamm und da sich die Männer in Zubern mit heißem Wasser von den Frauen die Haare waschen ließen (siehe „Schwitzhütte" in Band 64). Auch im Alltag waren die Germanen zumindestens um 100 n.Chr. meistens nur spärlich bekleidet.

Die Toten im Jenseits und auch die dorthin reisenden Schamanen sowie die Götter wurden im Gegensatz zu den Menschen im Diesseits unbekleidet dargestellt. Es scheint somit eine fest Assoziation zwischen der Nacktheit und dem Jenseits gegeben zu haben. Auch die Toten waren bei ihrer Bestattung manchmal nackt. Der mythologisch-magische Grund für diese Jenseits-Nacktheit ist vermutlich die Wiederzeugung des Toten mit der Jenseitsgöttin bzw. ihrer Stellvertreterin.

Die von Tacitus berichtete Nacktheit der Germanen im Kampf läßt sich nur aus der germanischen Überlieferung heraus nicht erklären. Es wäre eine Assoziation der Nacktheit mit dem Jenseits denkbar – aber das ist ungewiß.

II Nacktheit in der indogermanischen Überlieferung

Von den Kelten sind wie von den Germanen nackte Krieger, die ihren Körper bemalt haben, bekannt. Bei den Griechen war die Nacktheit ein häufiges Zeichen der Götter. Ansonsten scheint die Nacktheit keine besondere Symbolik gehabt zu haben.

N Tattoos

I Tattoos in der germanischen Überlieferung

Tattowierungen bei den Germanen werden nur in dem Reisebericht des Arabers Ibn Fadlan berichtet, den er um 922 n.Chr. über seine Erlebnisse an der bulgarischen Wolga über die Germanen, die er dort angetroffen hat, verfaßt hat.

In diesem Bericht heißt es:

Jeder Mann ist von seinen Zehenspitzen bis zu seinem Nacken mit dunkelgrünen Linien, Bildern und ähnlichem bedeckt.

Da Tattowierungen von den nördlich des Schwarzen Meeres lebenden Skythen, die wie die Germanen zu den Indogermanen gehören, gut bekannt sind, sind solche Tattowierungen bei den Germanen durchaus denkbar.

Es könnte jedoch auch sein, daß Ibn Fadlan die verschiedenen fremden Völker, die er angetroffen hat, nicht sicher unterscheiden konnte und die tattowierten Männer Skythen und keine Germanen gewesen sind.

Da lediglich in dem Reisebericht des Ibn Fadlan auf Tattowierungen bei den Germanen hingewiesen wird, ist es recht unsicher, ob sie tatsächlichen Tattowierungen kannten – Ibn Fadlan könnte evtl. die Germanen mit den Skythen verwechselt haben, die reichlich Tattowierungen getragen haben.

O Zusammenfassung

Die Kleidung der Priester und Priesterinnen ist zum Teil über die gesamten 3000 Jahre der germanischen Religion hinweg gleich geblieben, während sie sich in anderen Aspekten gewandelt hat. Daher wird das, was über die Kleidung und den Schmuck der germanischen Priesterschaft bekannt ist, im folgenden chronologisch aufgeführt.

späte Altsteinzeit (30.000-13.000 v.Chr.)

In der späten Altsteinzeit sind die Felle und auch die Schädel und Hörner und Geweihe von Tieren benutzt worden, um sich im Ritual als diese Tiere zu verkleiden und sich auf diese Weise mit ihnen zu identifizieren. Diese Methode wird wahrscheinlich sowohl von den Jägern als auch von den Schamanen benutzt worden sein.

frühe Jungsteinzeit: Göbekli Tepe (10.500-9.000 v.Chr.)

Die dargestellten Menschen sind allesamt nackt.

In den ersten Tempeln in Göbekli Tepe findet sich ein Mann, der Pantherohren trägt und daher die Tradition der „Löwenmänner" aus der Altsteinzeit fortführt.

Die Symbol-geschmückten Gürtel der Mittelpfeiler-Statuen in den Tempeln von Göbekli Tepe scheinen diese Statuen als Schamanen zu kennzeichnen. Die Symbole auf diesen Gürteln beziehen sich auf die Jenseitsreise.

Aus Göbekli Tepe sind auch Ketten mit einem Symbol der Göttin als Anhänger bekannt.

Die Gürtel und die Halsreifs bzw. Ringe der germanischen Priester könnten daher die Fortführung dieser alten Tradition sein.

mittlere Jungsteinzeit: Çatal Höyük (7.000 v.Chr.)

Um 7000 v.Chr. wurden in Çatal Höyük lange Kleider nur von Frauen getragen – die Männer tragen entweder kurze Röcke oder sind nackt.

Um ca. 3000 v.Chr. haben in Sumer und Elam die Priester lange Gewänder getragen, in Ägypten hingegen kurze Kleider. In allen drei Fällen ist dies aber auch zumindestens die Tracht der vornehmeren Männer gewesen. Diese drei Kulturen gehen auf die Kultur zurück, zu der auch Çatal Höyük gehört.

Die Statuetten und die abgebildeten Menschen tragen zwar z.T. Gürtel, aber nur ein einziger trägt möglicherweise einen Pantherfell-Streifen um seinen Hals. Es sind allerdings viele Perlenketten gefunden worden. Da an ihnen jedoch keine Symbole o.ä. hängen, werden diese Ketten vermutlich einfach Schmuck gewesen sein.

Wahrscheinlich wird zu dieser Zeit auch das Symbol des Weltenbaumes entstanden sein. Daher könnte es zu dieser Zeit auch die ersten Stäbe als Weltenbaum-Symbol gegeben haben. Zwei der vielen Pantherfell-Tänzer in Çatal Höyük halten einen kurzen Stab in ihrer Hand.
Der Stab als Weltenbaumsymbol ist um 3000 v.Chr. in Mesopotamien und Ägypten ein wichtiges Symbol gewesen.

mittlere und späte Jungsteinzeit: Indogermanen   (7000-2800 v.Chr.)

Vermutlich ist in dieser Zeit sowohl in dem gesamten jungsteinzeitlichen Bereich von der südrussischen Steppe bis nach Mesopotamien bei der Priesterschaft das lange Gewand üblich geworden – den erhaltenen Darstellungen zufolge in der Zeit von 7.000-3.250 v.Chr.
Ob es nur von Priestern und Priesterinnen oder auch von wohlhabenden Menschen getragen worden ist, ist unbekannt. In Ägypten trug man im Alten Reich nur den kurzen Rock und erst später im Mittleren Reich auch lange Gewänder.
Da sowohl von den germanischen und keltischen als auch von den hethitischen und indischen Priestern lange Gewänder bekannt sind und zudem auch die Griechen lange Gewänder gekannt haben, ist es recht wahrscheinlich, daß das lange Gewand auch schon von den indogermanischen Priestern getragen worden ist.

Es ist recht wahrscheinlich, daß die Gürtel-Symbolik der Statuen aus Göbekli Tepe beibehalten worden ist und auch bei den Indogermanen ein Teil der Priester-Kleidung gewesen ist. Der Gürtel scheint mit Halt, Sicherheit, Stärke und dem Einhalten des „Gesetzes" assoziiert worden zu sein – was ja weitgehend der Funktion eines Gürtels entspricht.

Von den frühen Indogermanen sind keine Ketten bekannt. Es ist aber gut denkbar, daß die „magische Kette" von ihnen zu einem „magischen Halsreif" umgeformt worden ist – zu einem „Ring der Sonne". Da die Sonnensymbolik bereits den Aufbau der

Tempel von Göbekli Tepe geprägt hat, ist anzunehmen, daß die Indogermanen aus ihrer mesopotamischen Heimat sowohl die „magische Halskette" als auch die Sonnensymbolik mitgebracht haben.

Der Ring der Sonne, des Priesters und des Königs ist bei den West-Indogermanen von den Germanen, den Kelten und den Römern bekannt und bei den Ost-Indogermanen von den Persern. Da ein goldener Ring ein sehr einfaches Symbol für die Sonne ist, ist es gut denkbar, daß dieses Symbol schon bei den Indogermanen in Gebrauch gewesen ist.

Aus Mesopotamien und aus Ägypten sind keine Sonnen- und Königsringe bekannt.

Da es den Stab als Weltenbaum-Symbol möglicherweise schon in Çatal Höyük gegeben hat und er sowohl von den späteren einzelnen indogermanischen Völkern als auch von den übrigen von den frühen jungsteinzeitlichen Bauern abstammenden Völkern wie den Sumerer, Elamitern, Semiten und Ägyptern gut bekannt ist, wird man davon ausgehen dürfen, daß auch die indogermanischen Priester und Priesterinnen einen solchen Stab getragen haben werden.

Dieser Stab war die naheliegendste Weise, die Fähigkeit dieser Schamanen-Priester, ins Jenseits zu reisen, auszudrücken, da der Weltenbaum, der durch den Stab repräsentiert wurde, der Weg zwischen dem Diesseits und dem Jenseits gewesen ist.

späte Jungsteinzeit: West-Indogermanen   (2800-2200 v.Chr.)

Aus dieser Zeit sind in Bezug auf die Kleidung und die Insignien der Priesterschaft der indogermanischen Völker keine Veränderungen bekannt.

germanische Frühzeit   (1800 v.Chr.)

Vermutlich hat es auch zu dieser Zeit, zu der die Germanen in Süd-Skandinavien eingewandert sind, keine wesentlichen Veränderungen in der Tracht der Priester und Priesterinnen gegeben.

Das einzige mögliche neue Element sind die hohen Filzhüte, die 400 Jahre später mit Gold besetzt worden sind. Solche kostbaren Hüte werden nicht ohne Vorgeschichte und ohne weniger aufwendige Vorläufer entstanden sein. Vermutlich haben die Germanen diese Hüte von den Menschen der Megalithkultur übernommen, die sie an ihrem neuen Wohnort vorgefunden haben.

jüngere Bronzezeit   (1400-1000 v.Chr.)

Vermutlich haben die Priester und Priesterinnen in ganz Mittel-, West- und Nordeuropa in dieser Zeit diegleichen Goldhüte getragen, die sehr wahrscheinlich aus der Tradition der Megalithkultur stammen.

Aufgrund ihrer vermuteten Kalenderfunktion und des Goldes, aus dem sie hergestellt worden sind, sind sie vermutlich ein Hinweis auf die Sonne und den Sonnengott gewesen. Auch die Ähnlichkeit der Dekoration auf diesen Goldhüten mit denen auf der Sonnenscheibe des um 1400 v.Chr. hergestellten Sonnenwagen von Trundholm spricht für eine Sonnensymbolik der Goldhüte.

jüngere Bronzezeit: Hügelgrab von Kivik   (1000 v.Chr.)

Die germanischen Priester des Tyr trugen damals lange Gewänder und entweder spitze Kapuzen an diesen Gewändern oder hohe, spitze Filzhüte.

jüngere Bronzezeit   (880-500 v.Chr.)

Die frühesten bekannten Ringe der West-Indogermanen (Germanen, Kelten, Römer) wurden in der Zeit von ca. 880-500 v.Chr. aus Bronze hergestellt. Diese Wendel-Ringe wurden aus einem Metallstab mit quadratischem oder kreuzförmigem Querschnitt durch mehrfaches Drehen hergestellt. Diese Ringe wurden ständig und nicht nur bei besonderen Gelegenheiten getragen.

Der Wendel-Ring wurde vielfach weiterentwickelt, aber auch die ursprüngliche Form blieb bis nach 400 n.Chr. erhalten.

Wahrscheinlich waren diese Ringe Sonnensymbole und gehen auf die vermuteten indogermanischen „Ringe der Sonne" zurück.

Zeit der römischen Überlieferung   (100 n.Chr.)

Leider wird von den Römern kaum etwas über die Kleidung und den Schmuck der germanischen Priester überliefert. Lediglich über die Priester der Alcis wird gesagt, daß sie lange Gewänder tragen – aus Sicht der Römer eine „weibische Tracht".

Endzeit der Tyr-Religion: Goldhörner von Gallehus (400 n.Chr.)

Auf dem kleineren der beiden Goldhörnern ist zweimal der Sonnengott-Göttervater Tyr mit Halsreif zu sehen. Es daher anzunehmen, daß auch die Diar, also die Priester des Tyr, solche Halsreifen getragen haben werden.

germanische Spätzeit (1000-1250 n.Chr.)

Die Priester und Priesterinnen trugen lange Gewänder und die Priester dazu manchmal einen Umhang – vermutlich des öfteren einen blauen. Auch die Priesterinnen trugen einen Umhang. Ob der Umhang auch beim Ritual selber getragen wurde, ist unbekannt.

Die hohen Filzhüte haben sich bei Freyr, Thor und bei einem unbekannten Gott, Priester oder Fürsten erhalten können.

Neben dem Mantel gehörten der Gürtel und die Handschuhe zum Priester-Ornat. Im Zusammenhang mit Thor ist aus dem Gürtel ein Kraftgürtel und aus den Handschuhen Eisenhandschuhe geworden – der Priester ist zum Krieger geworden. An die Stelle des Priesterstabes ist der Hammer des Thor getreten.

Noch später wurde der Gürtel zum Sieggürtel und zum Zaubergürtel.

Der Stab als Symbol für den Weltenbaum und somit auch für die Jenseitsreise ist das Hauptsymbol der Priester, Priesterinnen, Seher und Seherinnen sowie der Zauberer und Zauberinnen geworden. Er wurde später dann als Hexenbesen getarnt.

Der Ring, der Armreif, der Halsreif, Odins Draupnir, Tyr-Andwaris Ring, Freyas Brisingamen und Fullas Haarreif waren Varianten des Sonnen-Ringes, der die Wiedergeburt symbolisiert hat. Auch der Gesetzs-Ring in den Tempeln, den der Priester während seiner Tätigkeit trug und auf den Eide abgelegt wurden, waren ein solcher Ring.

Diese Ringe werden ursprünglich mit dem Sonnengott-Göttervater Tyr und mit der Muttergöttin, die an jedem Morgen die Sonne wiedergebiert, verbunden gewesen sein.

Die goldenen Haarbänder der Germanen sind vermutlich aus den Sonnen-Ringen entstanden. Auch ein Einfluß der Goldhüte auf die Entstehung dieser „germanischen Kronen" ist nicht mit Sicherheit auszuschließen.

Die Priesterinnen trugen zumindestens manchmal eine Tasche bei sich, in der sie ihre Zauber-Utensilien mit sich führten.

Spätmittelalter (1500 n.Chr.)

Um 1430 n.Chr. wurde u.a. aus den Spitzhüten der germanischen Götter der Hennin der Frauen.

Neuzeit (1800 n.Chr.)

Möglicherweise schließt auch der Spitzhut, der in der Neuzeit zu dem Symbol der Zauberer geworden ist, an die alte Goldhut-Symbolik an, wobei unklar ist, auf welche Weise sich diese Symbolik erhalten haben kann.

Übersicht

In der Übersicht auf der folgenden Seite sind die Zeiten, in der ein Element der Priester-Tracht sicher nachgewiesen ist, dunkelgrau hinterlegt und die vermuteten Zeiten hellgrau.

Die betrachteten Zeiten und Symboliken beziehen sich auf die Germanen und auf ihre direkten Vorläufer: Altsteinzeit – Jungsteinzeit – Indogermanen – Germanen.

Die Tabelle enthält nur die nachweisbaren Elemente des Priester-Ornats. Es ist anzunehmen, daß zu jeder Zeit noch weitere Elemente zu der Ausstattung der Priester und der Priesterinnen gehört haben werden. Lediglich die Schilderungen aus der Zeit zwischen 1000 n.Chr. und 1250 n.Chr. könnten weitgehend vollständig sein.

Zeit	Übersicht									
	Kleidung und Schmuck der Priester									
	Felle	*Gürtel*	*Kette*	*Ring*	*Stab*	*langes Gewand*	*spitzer Filzhut*	*hoher Goldhut*	*Umhang*	*Handschuhe*	*Tasche*
30.000 – 13.000 v.Chr.	■										
10.500 – 9.000 v.Chr.	■	■	■								
7.000 v.Chr.	■										
7.000 – 2.800 v.Chr.	■			■	■	■					
2.800 – 2.200 v.Chr.	■				■	■					
1.800 v.Chr.	■				■	■					
1.400 – 1.000 v.Chr.	■				■	■	■	■			
1.000 v.Chr.	■				■	■	■				
1.000 v.Chr. – 400 n.Chr.	■				■	■					
500 – 1000 n.Chr.	■				■	■					
1.000 – 1.250 n.Chr.		■	■		■	■			■	■	■
1430 n.Chr.				■	■		Hennin				
1.800 n.Chr.					■		Zauberer-Hut				

Verzeichnis der Themen

(die Zahl ist die Nummer des Bandes, in dem sich das Thema findet)

1 47	540 47	Alius 32	Aur 55
2 47	700 47	Alraune 45	Aurboda 35
3 47	800 47	Alsvatr 5	Aurgelmir 5
4 47	900 47	Alswid 34	Aurgrimnir 5
5 47	1.200 47	Althiof 7	Aurnir 34
6 47	10.000 47	Alvor 35	Aurvandil 20
7 47	432.000 47	Alwis 7	Aurwang 7
8 47	1+8=9=8+1 47	Alwit 31	Aurwang 48
9 47	**Adler** 40	Ama 35	Austri 32
10 47	Adler auf dem	Amboß 67	Auzon => Kiste
11 47	Weltenbaum 41	Amgerdr 28	Axt 66
12 47	Adler bei der	Ampfer 45	**Bafur** 32
13 47	Einweihung 40	Andad 34	Bakrauf 35
14 47	<u>Adlergestalt</u>:	Andhrimnir 39	Baldrian 45
15 47	- des Franmar 40	Andvari 7	Baldur 9
16 47	- des Hraesvelgr 40	Angantyr 39	Bara 35
17 47	- des Odin 40	Angeyja 35	Bari 6
18 47	- des Thiazi 40	Angrboda 26	Bari 20
20 47	Adler-Traum der	Ann 32	Baugi 5
22 47	Kostbera 40	Annar 20	Bär 43
23 47	Aelrun 31	Arm-Wunde 63	Bärenfell 62
24 47	Affe 44	Arngrim 6	Barke 49
28 47	Agdai 39	Apfel 45	Bärlapp 45
30 47	Ägir 10	Asen 36	Basilikum 45
32 47	Agnar 39	Asgard 52	Beifuß 45
33 47	Ahnen 36	Ask 39	Beinvidr 34
36 47	Ai 32	Aslaug 31	Bekkhild 31
37 47	Aki 6	Asperan 34	Beleidigungs-
40 47	Aki 16	Astralreise 50	Wettstreit 73
41 47	Alban 32	Asvid 6	Beli 5
46 47	Alberich 7	Atem 64	Beowulf 39
48 47	Albewin 7	Atla 35	Bergdis 28
72 47	Alcis 12	Atli 37	Bergelmir 6
80 47	Alf 6	Atward 20	Bergriese 6
90 47	Alf 32	Auchoff 34	Berg-Zwerge 32
99 47	Alfarin 34	Aud 20	Berling 32
100 47	Alfen 36	Auerhahn 40	Bertha 28
120 47	Alfhild 31	Auge 63	Berserker 62
300 47	Alfrigg 32	Augenbraue 63	Bertram 45

Bertramsgarbe 45
Besen => Stab
besonderer Schrei 64
Bestattung 64
Bestla 35
Betonica 45
Beyla 39
Biber 44
Biene 40
Bifröst 49
Bifur 32
Bikki 16
Bil 29
Bild 7
Billing 5
Billing 7
Bilsenkraut 45
Birkhuhn 40
Biört 29
Björgolfr 6
Björgulfr 34
Blain 33
Blapthvari 34
Blasebalg 67
blau 46
Blau-Menschen 36
Blau-Riesen 36
blau-schwarz 46
Blick 63
Blid 29
Blidur 29
Blind 16
Blindheit 63
Blodughadda 35
Blutsbrüder 55
Bödhild 28
Bogen 66
Bömbur 32
Bölthorn 5
Borr 34
Botewart 7
Both 20

Bragi 19
Bragi-Riesin 35
Brak 16
Brana 35
Brandingi 5
braun 46
Brenner 39
Brezel-Ornament 64
Brimir 33
Brisingamen 60
Brokk 32
Brombeere 45
Brücke 49
Bruderkampf 55
Brüngerd 35
Brünhild 31
Bruni 5
Bruni 32
Brünne 66
Brunnen 49
Buri 34
Bryja 35
Bryla 34
Bryngerd 28
Buri (Zwerg) 32
Buseyra 35
Byggvir 39
Byleist 20
Bylgia 35
Comandion 7
Dag 48
Dagfinnr 32
Dain 32
Dalar 32
Dalr 32
Delling 20
Delling 48
Dellingr 32
Delphin 44
Dietwarta 29
Disen 36
Distel 45

Diurnir 7
Dofri 34
Dolgtrasir 32
Donnerrebe 45
Dori 32
Dorn => Schlafdorn 55
Drachen 41
Drachenblut => Drachen
Drachenschiff 55
Drasian 6
Draupnir (Zwerg) 32
dreifarbiger Stein 67
dreiköpfiger Riese 5
drei Riesinnen 35
drei wahre Worte 64
Drifa 35
dritter Bruder 55
Dröfn 35
Drossel 40
Drudgelmir 5
Duf 32
Dufa 35
Dufr 32
Dulin 32
Dumbr 6
Dunneir 32
Durathor 32
Durin 32
Durnir 32
Durnir 34
Düsterwald 49
Dwalin 32
Eber 42
Eberesche 45
Edda (vollständig) 77
Efeu 45
Egdir 5
Egil 39
Ei 40
Eibe 45

Eiche 53
Eicheln 45
Eichhörnchen 44
Eid 68
Eik 28
Eikinskjaldi 32
Eimer 67
Eimgeitir 35
Eimyria 35
Einäugigkeit 63
Einheer 34
Einweihung 50
Eir 29
Eir 31
Eis 52
Eisa 35
Eisen 55
Eisenkraut 45
Eisriesen 34
Eistla 35
Eisurfala 35
Eiymyria 35
Ekstase-Kieger 62
Elch 42
Eldhrimnir 57
Eldir 39
Eldr 34
Elefant 42
Elendshaut => Hel-Haut
Else 35
Erde 52
Embla 28
Embla 39
Ente 40
Erce 20
Erdbeben 55
Erste Ursache 55
Eschenholzkasten => Kiste 57
Esel 42
Estroval 39

Eugel 7	Fiölvör 35	Frühlingstagund-	Geitla 35
Eule 40	Fiörgyn 20	nachtgleiche 54	Geitir 35
Eyrgjafa 35	Fiörgyn 23	Fulla 29	gelb 46
Faden 55	Fisch 44	Fullas Haarreif 60	Geliebter der Gefion 6
Fafnir (Zwerg) 32	Fjölverkr 34	Fullafle 34	Gerber-Schaber 67
Fährmann 49	Fjötra 29	Fundin 32	Gerdr 28
Fala 35	Flachs 45	Fuß 63	Geri 43
Falkenkleid:	Flegda 35	Fylgia 50	Gespenst 50
- der Freya 40	Fleur-de-lys 55	Fynir 6	Gestaltwandel =>
- der Frigg 40	Fleggr 34	Fynir 34	Verwandlung
Falke 40	Fliege 40	**Galar** 32	Gesang 68
Fallar 32	Fluch 68	Galarr 34	Gestilja 35
Farbauti 6	Flügel des Wieland 40	Galdr 64	Getreide 45
Farn 45	Flügelschuhe 67	Gallapfel 45	Gewöhnlicher
Farseti 6	Flugschuhe des Loki 40	Gandalf 32	Flachbärlapp 45
Faulheit =>	Fluß 49	Ganglati 34	Geysa 35
Feuersitzen 55	Freya 22	Ganglot 6	Gialar 32
Feima 35	frühe Skaldenlieder 78	Gangr 34	Gift 70
Fenchel 45	Freyr 15	Gangr 33	Gifur 43
Fenja 28	Fried 29	Gans 40	Gigas 6
Fenrir 6	Friedenszauber 6	Gänsefuß 45	Gilling 6
Fenrir 43	Fridr 29	Garm 43	Gillings Frau 28
Fernhypnose 64	Frigg 21	Gautan 39	Ginnar 32
Ferse 63	Folde 20	Gautrek-Saga => Snotra	Ginnungagap 49
Fessel 66	Fonn 34	Geban 20	Gjalp 35
Fessel-Zauber 64	Forat 35	Geburts-Orakel 64	Glamr 34
Feuer 55	Forelle 44	Gefäße 57	Glatundshundr 43
Feuersitzen 55	Fornjotr 6	Gefion 20	Glaumar 34
Feuerzauber 64	Forseti 19	Gefion-Geliebter 6	Glaumarr 34
Fialar 32	Frägr 32	Gefiun 20	Glaumr 6
Fid 32	Franmar 37	Gefjon 20	Glenr 48
Fieberkraut 45	Frar 32	Geist 50	Glitni 5
Fili 32	Freki 43	Geier 40	Glöd 35
Fimafeng 39	Frosti 32	Geirahöd 31	Gloi 32
Fimbulwinter 55	Frosti 34	Geiravör 31	Glück 64
Finger 63	Fruchtbarkeit 64	Geirdriful 31	Glückstrank 70
Finnalf 5	Fuchs 43	Geirönul 31	Glumra 35
Finnar 32	Frauenhaarfarn 45	Geirröd 5	Glymra 35
Finnmark-Riese 34	Frühling 54	Geirrota 31	Gna 29
Fiölkald 34		Geirskögul 31	Gneip 35
Fiölmor 39		Geitir 6	Gnepja 35
Fiölnir 20			

Goi 34
Gold 55
Goldalter 55
Goldemar 7
golden 46
Goldhelm 66
Goldhörner von
Gallehus 57
Göll 31
Golnir 5
Göndul 31
Gorr 34
Görsemi 29
Götter 36
Götterdämmerung 55
Götterkampf 55
Göttermet 69
Götter-Tiere 44
Gottesurteil 64
Gurgelbiß 55
Grab 49
Grani 6
grau 46
Grendel 5
Grendels Mutter 35
Greppur 34
Grer 32
Grid 28
Grid 35
Grim 5
Grim 39
Grima 35
Grimhild 31
Grimling 5
Grimnir 5
Grim Struppig-Wange 79
Grip 35
Gripir 34
Grissa 35
Groa 28
Grottintanna 35

Grotunagard 52
grün 46
Gryla 35
Gudr 31
Gudrun 31
Gudmund 5
Gullnir 5
Gullveig 29
Guma 35
Gundelrebe 45
Gunn 31
Gunnlöd 28
Gunnthinga 31
Gürtel 60
Gusir 6
Gygr 35
Gylfaginning 77
Gyllir 5
Gyllir 34
Gyma 20
Gymir 5
Haarband 60
Haare 63
Habicht 40
Hafle 34
Hafli 5
Hafthi 39
Hagen 16
Hahn 40
Hala 35
Halfdan 39
Halfdan Brana-Ziehsohn 79
Halfdan Eisteinson 79
Hamdir 39
Hamingja 50
Hammer 66
Hand 63
Handschuhe 60
Hanf 45
Hannar 32
Hantel-Symbol 55

Har 32
Höra 35
Hardbeen 6
Hardgreip 35
Hardgreipir 34
Hardverkr 34
Harek Eisenkopf 6
Harfe 57
Harz 45
Hase 44
Hasel 45
Hastingi 34
Hati 5
Hati 43
Hattatal 77
Haudr 20
Haugspori 32
Haym 34
Hecht 44
Hedin 39
Hedin und Högni 79
Hefring 35
Heid 35
Heiddraupnir 5
Heide 49
Heidrek 39
Heidungi 6
Heilige Hochzeit =>
Wiederzeugung 55
Heiliger Hain =
Weltenbaum 52
Heilung 64
Heilziest 45
Heimdall 8
Heimir 39
Heinir 34
Heith 35
Heithdraupnir 5
Hel 26
Helblindi 20
Helgi 39
Helgi Thorisson 79

Hel-Haut 49
Helidi 27
Hellebarde 66
Helreginn 5
Helm 66
Hengikefta 35
Hengiköpt 6
Hengjankapta 35
Hepti 32
Herbst 54
Herbsttagundnachtgleiche 54
Herche 20
Herdentiere 42
Herdentierfell 42
Herfjötur 31
Hergrim Halbtroll 5
Hergunnur 35
Heri 32
Herja 31
Herkir 6
Herkja 35
Hermodr 37
Hertha 28
Hervor => Heidrek
Hervor und Heidrek
=> Heidrek
Herz 63
Hexe 58
Hianka 31
Hidde 34
Hild 31
Hildolf 5
Hildolf 20
Himingläva 35
Himmel 52
Himmelsrichtungs-Mandala 54
Himmelsträger-Zwerge 32
Hirsch 42
Hjaltrimul 31

Hjortrimul 31	Hraudnir 6	Hymir 6	Jenseitsbarke 49
Hjötra 28	Hraudungr 5	Hymnen an die Götter 80	Jenseitsberge 49
Hjuki 29	Hrede 29		Jenseitsbrücke 49
Hläwang 32	Hreidmar 7	Hyndla 26	Jenseitsfährmann 49
Hlebard 6	Hremsa 35	Hypnose 64	Jenseitsfluß 49
Hleidr 35	Hrimgerdr 28	Hyrrokkin 26	Jenseitsgrenzen-Landkarte 49
Hler 10	Hrimgerdr 35	**Idi** 34	Jenseitshalle 49
Hlidolf 32	Hrimgrimnir 34	Idun 25	Jenseitsinsel 49
Hlif 29	Hrimnir 34	Igel 44	Jenseitsleiter 49
Hlifthursa 29	Hrim-Riesen 34	Illugi Grid-Ziehsohn 79	Jenseitsmauer 49
Hlin 29	Hrimthurs 34		Jenseitsreise 49
Hlodyn 20	Hringi 5	Ilmr 29	Jenseitstor 49
Hlödyn 20	Hringvölnir 5	Ima 35	Jenseitstor-Gitter 49
Hloi 34	Hripstodr 34	Imd 35	Jenseitstor-Hund 49
Hlöll 31	Hrist 31	Imgerdr 35	Jenseitswächter 49
Hlora 35	Hrist 29	Imr 6	Jenseitswald 49
Hnoss 29	Hrisungr 6	Imsigul 34	Jenseitswasser => Wasser 49
Hochsitz 57	Hroarr 5	Imth 35	
Hochsitzsäulen 57	Hrod 35	In 20	Jenseitsweg 49
Hoddraupnir 5	Hrodwitnir 5	Ingibjörg 29	Johanniskraut 45
Hoddrofnir 5	Hrodwitnir 43	Ingibiörg 31	Jokul 34
Hödur 19	Hrökkvir 6	Intuition 64	Jokul Eisenrücken 34
Hofund 19	Hrönn 35	Inzest 51	Jörd 23
Höggstari 32	Hrossthjofr 34	Irmin 20	Jomali 20
Högni 16	Hrotti 5	Irpa 29	Jörmungandr 41
Högni 39	Hruga 28	Istwas 20	Jörmunrek 39
höhere Mächte 36	Hrungnir 5	Itrek 5	Jorunn 29
Holmgang => Zweikampf 55	Hrungnir-Herz 67	Itreksjod 5	Jötunn 6
	Hryggda 35	Itreksjod 20	Jotunbjorn 6
Holunder 45	Hyria 35	Ividja 35	Julnacht 54
Homöopathie 64	Hrym 34	Iwaldi 5	**Käfer** 40
Honig 40	Hrund 31	Iwalt 5	Kaldgrani 34
Honigtau 45	Hügelgrab 49	Iwiedie 29	Kamille 45
Hönir 18	Hugin 40	**Jari** 32	Kampfmagie 64
Horn 57	Huhn 40	Jamtaland-Zwerg 7	Kannibalismus 55
Horn (Riesin) 35	Huldar 28	Jarngerdr 28	Kara 31
Hörn 29	Hund 43	Jarnglumra 35	Karabin 34
Hörn 35	Hundalfr 6	Jarnhauss 6	Kari 6
Horn-Neb 35	Hunding 16	Jarnnef 34	Katze 43
Hornbori 32	Hvalr 6	Jarnsaxa 28	Kausalität 55
Hraesvelgr 6	Hvedra 35	Jarnvidja 35	Keila 34
Hrafnhild 35	Hvedrungr 16	Jenseits 49	

Keiler 42	**Lachanfall** 64	Luchs 43	Miötwitnir 32
Kenningar 75	Lachen 55	Lutr 34	Mjoll 34
Kerbel 45	Lachs 44	Lyngheid 35	Modgudr 29
Kessel 57	Landgeister 36	**Magni** 19	Modgudr 31
Keule 66	Lauch 45	Malseron 34	Modi 19
Kiebitz 40	Laufey 26	Mana 35	Modrädnir 32
Kili 32	Laurin 7	Managarm 43	Modsognir 7
Kisi 34	Laus 40	Mannus 20	Mögthrasir 6
Kiste 57	Leber 63	Mardalla 27	Moin 32
Kjallandi 6	Leib 63	Marder 43	Mökkurkjalfi 6
Kjallandi 35	Leidi 34	Margerdr 35	Molda 35
Klaufi 34	Leifi 6	Margerthur 35	Mona 20
Klee 45	Leifnir 6	Mangold 45	Mond 48
Kleima 35	Leikn 35	Mantel 67	Mondul 32
Knochen 67	Leimrute 66	Mantel der Nanna 67	Moosfrau von Saalfeld 32
Knoten 64	Leiter 49	Marnar 29	
Kobolde 36	Leirvör 35	Märzviole 45	Moosleute von Arntschgereute 32
Kol der Bucklige 39	Leopard 43	Maske => Helm	
Kolfrosta 28	Lerche 40	Maus 44	Mörn 35
Kolga 35	Lidskialf 20	Meer 49	Möwe 40
Kopf 63	Liebestrank 70	Meer der Zeit 55	Mühle 66
Kormoran 40	Liebeszauber 64	Meer-Menschen 36	Mundilfari 6
Korn 45	Lif 39	Mehlbeere 45	Munin 40
Körperteile 65	Lifthrasir 39	Mehltau 45	Munnharpa 35
Köttr 34	Litr 6	Meili 9	Münze 67
Kraftgütel => Gürtel	Litr 32	Meise 40	Muspel 6
Krähe 40	Ljod 29	Menglöd 22	Muspelheim => Feuer 52
Kraka 31	Ljota 35	Menja 28	
Kranich 40	Lodin 6	Menschenopfer 64	Myrkrida 35
Kräuter 45	Lodinfingra 35	Messer 66	Myrkvid 49
Kreppvör 35	Lodur 16	Midgard 52	**Nabbi** 32
Kriegerin 62	Lofar 7	Midgardschlange 41	Nacktheit 60
Kreuzblume 45	Lofn 29	Midi 6	Nadel 55
Kreuzkraut 45	Lofnheid 35	Midjungr 34	Nägel 55
Krönung 64	Logi 34	Midwitnir 6	Naglfar 49
Kröte 44	Loki 16	Mimir 6	Nain 32
Kuckuck 40	Loni 32	Mist 31	Nali 32
Kuril 6	Lopthoena 28	Mistel 45	Namensgebung 64
Kult 55	Lori 35	Mistkäfer 40	Nanna 21
Kundalini 64	Loricus 6	Mittelpfeiler => Yggdrasil	Nauma (Hel) 35
Kwasir 20	Löwe 43		Nar 32
Kyrmir 6	Löwenmäulchen 45	Mittsommer 54	Narfi 6

Nari Loki-Sohn 19
Nati 6
Naudir 36
Nebel 64
Nefia 35
Nehalennia 29
Neri 30
Neris Schwester 30
Nerthus 28
Nepr 20
Nessel 45
Netz 67
Neuentstehung aus den Knochen 55
neun Heimdall-Mütter 35
neun Schwestern 35
Niblung 7
Niblung 39
Nicor 34
Nid 64
Nidi 32
Nidr 28
Nidud 16
Nieswurz 45
Niflheim => Eis 52
Niping 32
Nirdir 10
Niola 48
Njola 48
Njörd 10
Njörun 29
Nölvi 10
Norden 54
Nordosten 54
Nordri 32
Nordwesten 54
Nori 32
Nornen 30
Norr 34
Norr 48
Nott 48

Nyi 32
Nyr 32
Nyrad 32
Oddrun 31
Odin 13/14
Odr 20
Ofoti 5
Öflugbarda 35
Öflugbardi 6
Ogautan 39
Ogladnir 6
Ogn 35
Ohr 63
Oin 7
Olius 32
Ölwaldi 5
Omen 71
Onarr 48
Öndudr 6
Onn 32
Opfer 64
Orakel 71
Oregano 45
Ori 32
Örnir 6
Ortnit 34
Ösgrui 5
Öskrudr 34
Ostara 29
Osten 54
Otr 32
Otter 44
Otunfaxe 39
Penis 55
Perchta 28
persönliches Glück 64
Pfeil 66
Pferd 42
Pferdezwillinge 12
Pflug 67
Phol 9
Polygamie 55

Priester 60
Priesterin 58
Prolog (Edda) 77
Prophezeiung 71
Pukis 36
Rabe 40
Rad 67
Radgrid 31
Radvör 35
Ragnar Lodenhose 39
Ragnarök 55
Ran 27
Randalin 31
Randgnid 31
Randgrid 31
Rangbeinn 5
Rasereitrank 70
Raswid 32
Rätsel 76
Raud 34
Raugnir 34
Raum 6
Reck 32
Regenbogenbrücke 49
Regin 7
Reginleif 31
Reiher 40
Rentier 42
Riesen auf der West-Insel 6
Riesen-Baumeister 6
Riesen von Feldkirchen 34
Riesen von Lichtenberg 35
Rifingalfa 35
Rifingöflu 35
Rigingöflu 35
Rind 42
Rindr 20
Ring 57

Ringkampf 55
Rist 31
Robbe 44
Rögnir 7
Rose 45
Röskva 37
rot 46
rota 31
Rotkehlchen 40
Rücken 63
Rud 35
Rudent 6
Rudi 34
Runa 35
Runen 72
Runenkästchen von Auzon => Kiste
Runenstein 64
Runenstein von Ardre 64
Rußland-Riese 6
Rütze 35
Rygi 35
Saemdill 6
Saga 28
Sährimnir 42
Säkarsmuli 6
Salbei 45
Salfangr 6
Sam 34
Sämingr 39
Sanngrid 31
Sati 51
Säule => Weltenbaum 52
Saxnot 20
Sceaf 20
Schachtelhalm 45
Schädelschale 63
Schadenszauber 64
Schaf 42
Schafgarbe 45

Schaumkraut 45
Schierling 45
Schild 66
Schlafdorn 55
Schlangen 41
Schlangenauge 63
Schlangengrube 49
Schlangenzunge 63
Schleifstein => Wetzstein
Schmetterling 40
Schmied 4
Schmied 55
Schnecke 44
Schneeweiß-Goldschöne 28
Schuh 63
Schutzgeist => Fylgja/Hamingja
Schutzzauber 64
Schwalbe 40
Schwan 40
Schwanenkleider der Walküren 40
Schweden-Riese 6
Schwein 42
Schwert 66
Schwitzhütte 64
sechsköpfiger Riese 6
Seehund 44
Seekuh 44
Seelenvogel 40
Seelenvogel 50
Segen 68
Seher 60
Seherin 58
Seidelbast 45
Seidr 64
Sel 6
seltsamer dritter Bruder 55
Sense 67

Siar 32
Sichel => Sense
sieben Schwestern 28
Siegfried 38
Sieglind 31
Siegstein 67
Sif 24
Sigdrifa 31
Sigurd 38
Sigi 39
Sigrlami 39
Sigrun 31
Sigyn 28
silbern 46
Simul 31
Sinmara 28
Sindri 32
Sinthgunt 29
Sivör 35
Sjuld 31
Skadi 20
Skafid 32
Skalden 61
Skaldatal 77
Skaldenlieder 78
Skaldinnen 61
Skalli 34
Skalmöld 31
Skadskaparmal 77
Skärir 5
Skeggiöld 31
Skidbladnir 49
Skimsli 5
Skirnir 37
Skirkjar 35
Skirwir 32
Skjalf 29
Skjalv 34
Skjellinefja 29
Skjöldr 39
Skögul 31
Sköll 43

Skorpion 40
Skrati 34
Skrymir 5
Skrimnir 5
Skuld 30
Slagfid 39
Sleggja 35
Snae 34
Snotra 29
Solbiart 5
Sohn der Freya 19
Sohn des Freyr 19
Solblindi 5
Sölfn 29
Sommer 54
Somr 5
Sonne 48
Sonnengöttin 48
Sonnenhymne 64
sonstige Magie 64
Sörli 39
Spatz 40
Specht 40
Speer 66
Sperber 40
sprechende Tiere 41
Sprichworte 74
Spindel 55
Spinnerin 55
Spiritus familiaris 36
Sprettingr 5
Stab 67
Starkad 6
Starkad 39
Stärketrank 70
Statue 57
Stein 64
Steine und Edelsteine 64
Steinigung 55
Stern 48
Sternbild 48

Sternbild 55
Stigandi 5
Storch 40
Storkvid 34
Stoverkr 34
Strahlen-Breitsame 45
Strudel 49
Struthan 34
Stumi 5
stumm 63
Süden 54
Südosten 54
Sudri 32
Südwesten 54
Surtur 6
Suttung 6
Svada 5
Svadi 5
Svaf 7
Svarangr 5
Svasudr 6
Svatr 6
Sveid 31
Sveipinfalda 35
Svidi 6
Svip 5
Svipul 31
Sivivör 31
Swaf 20
Swanhild 31
Swanwit 31
Swawa 31
Swior 32
Swipdag 20
Syn 29
Syr 29
Tafl 57
Tal 52
Tamfana 29
Tarn-Kappe 67
Tarn-Umhang 67

Tasche 60	Thrungva 29	Uri 20	- in Fuchs 65
Tätowierungen 55	Thrym 6	Utgard 52	- in Geier 65
Tattoo 60	Thulur 77	Utgardloki 6	- in Habicht 65
Tau 52	Thundr 6	Ungeheur 41	- in Hecht 65
Taufe 64	Thundr 29	Utiseta 50	- in Hirsch 65
Teer 45	Thurbiörd 35	**Vagnhöftdi** 34	- in Hund 65
Telemark-Riese 5	Tiere 44	Valbrandur 5	- in Krähe 65
Telepathie 64	Tiere der Götter 44	Vali Loki-Sohn 19	- in Lachs 65
Teller 57	Tierfelle 60	Valthögn 31	- in Löwe 65
Tempel 56	Tierfelle bei Hinrichtungen 67	Vandil 5	- in Mücke 65
Teufelsabbiß 45		Vandlir 5	- in Otter 65
Thagnar 31	Tor 49	Var 29	- in Pferd 65
Theck 32	Torfa 35	Vardrun 28	- in Rabe 65
Thialfi 37	Tote wiederbeleben 64	Vardrun 35	- in Rind 65
Thiazi 5		Vardruna 35	- in Robbe 65
Thing 73	Tragestange 67	Vasad 6	- in Schlange 65
Thiodwitnir 34	Trana 35	Vatermord 55	- in Schwalbe 65
Thistilbardi 34	Traum 71	Velle 5	- in Schwan 65
Thjodrerir 7	Traumdeutung 71	Venus 48	- in Seekuh 65
Thögn 31	Traumfrau 31	Verbene 45	- in Spinne 65
Thökk 35	Trima 31	Verdandi 30	- in Tier 65
Thor 17	Trolle 36	Vervielfältigung von Körperteilen 65	- in Vogel 65
Thora 28	Trona 35		- in Wal 65
Thorgerdr Hölgabrudr 29	Tuch 57	Vergessenheitstrank 70	- in Walroß 65
	Tuisto 20		- in Widder 65
Thorin 7	Tuisto 33	Verirren auf der Hirschjagd 55	- in Wolf 65
Thorir 6	Turm 56		- in Ziege 65
Thorn 5	Tyr 3	Verr 34	- in Ziegenbock 65
Thorstein Haus-Macht 79	Tyr-Riesen 5	Verwandlung:	Vidblindi 5
	Udr 35	- einer Frau in einen Mann 65	Viddi 34
Thrain 32	Uffe 39		Vidgreipr 34
Thrasir 6	Ulfhedinn 62	- einer Frau in eine andere Frau 65	Vidgymir 5
Thrigeitir 5	Ulfrun 35		vier Riesen-Ritter 34
Thrivaldi 5	Ullr 11	- eines Mannes in eine Frau 65	vier Stier-Riesen 34
Thröng 29	Umhang => Mantel 60		viertüriges Haus 52
Thror 7		- in Adler 65	Vifflöd 29
Thror 20	Uni 20	- in Bär 65	Vignir 34
Thror 32	Unn 35	- in Drache 65	Vikarr 6
Thorri 34	Unsichtbarkeit 64	- in Eber 65	Vilja 20
Thrud 31	Unsichtbarkeits-Stein 67	- in Falke 65	Vindr 34
Thrudgelmir 5		- in Fliege 65	Vingnir 6
Thrudr 29	Urd 30	- in Floh 65	Vingrip 34

Vipar 34	Wegwarte 45	Winter 54	Zwerge 32
Vogel 40	Weig 32	Winteranfang 54	Zwerge:
Vogelsprache 64	Weihung => Segen	Wirwir 32	- im Berg 32
Volkrast 7	Weinen 55	Witr 32	- im Gebirge 32
Vör 29	weiß 46	Witwen-Selbstmord 51	- Kuttenberg 32
Vörnir 34	Weisheiten 74		- Untersberg 32
Vulkan-Riese 34	Weisheitstrank 70	Wolf 43	- Blankenburg 32
Waage 64	Weißstern 39	Wolfsfell 62	- Bonikau 32
Waberlohe 49	Weltenbaum 53	Wortschatz Magie 64	- Dardesheim 32
Wächter 49	Weltesche 53	Wohlstandszauber 64	- Eilenburg 32
Wafthrudnir 6	Wespe 40	Wucherblume 45	- Elbogen 32
Wagen 67	Westen 54	Wurzel 45	- Glaß 32
Wagnhofde 6	Westri 32	Wyrd 30	- Hohenstein 32
Wal 44	Wetter 64	**Yggdrasil** 53	- Heilingsfelsen 32
Wälder =>	Wettlauf 55	Ymir 33	- Nünberg 32
Weltenbaum 52	Wetttrinken 55	Ymis 33	- Osenberg 32
Wald-Riesin 35	Wetzstein 67	Yngvi 32	- Plesse 32
Wali 19	Wichte 36	**Zahlen** 47	- Rosenberg 32
Wali 32	Widar 19	Zähne 63	- Selbitz 32
Walküren 31	Widfinnr 5	Zauberer 59	- Sion 32
Walnuß 45	Wiedergeburt 51	Zauberin 58	Zwerg:
Walroß 44	Wiederholungen 55	Zaubersprüche 68	- Gebirge 32
Waltam 20	Wiederzeugung 51	Zeh 63	- Kyffhäuser 32
Wandteppich => Tempel	Wieland 4	Ziegen 42	- Hohenstein 32
	Wiesel 43	Zisa 29	- Dresden 32
Wanen 36	Wig 32	Zunge 63	- Hoia 32
Warkald 6	Wigrid 55	Zweikampf 73	- Lützen 32
Warr 20	Wili 20	zweiköpfige Riesen 34	- Ralligen 32
Wasser 52	Wili (Zwerg) 32		- Rantzau 32
We 20	Wind (Magie) 64	zwei Zwerge 32	- Scherfenberg 32
Weberin 55	Wind 52	Zwerg auf dem Felsen 32	- Thorgau 32
Wegdrasil 20	Windalf 32		Zwillinge 55
Wegerich 45	Windloni 6	Zwergberg zu Aachen 32	
Wegetritt 45	Windswal 6